让课堂动起来

《"四特"教育系列丛书》编委会　编著

吉林出版集团股份有限公司
全国百佳图书出版单位

图书在版编目 (CIP) 数据

让课堂动起来／《"四特"教育系列丛书》编委会编著 .
—长春：吉林出版集团股份有限公司，2012.4
（"四特"教育系列丛书／庄文中等主编 . 课堂教学与
管理艺术）
ISBN 978-7-5463-8726-0

I . ①让… II . ①四… III . ①课堂教学－教学研究－
中小学 IV . ① G632.421

中国版本图书馆 CIP 数据核字（2012）第 043966 号

让课堂动起来

RANG KETANG DONG QILAI

出 版 人	吴　强	
责任编辑	朱子玉　杨　帆	
开　　本	690mm×960mm　1/16	
字　　数	250 千字	
印　　张	13	
版　　次	2012 年 4 月第 1 版	
印　　次	2023 年 2 月第 3 次印刷	

出　　版	吉林出版集团股份有限公司
发　　行	吉林音像出版社有限责任公司
地　　址	长春市南关区福祉大路 5788 号
电　　话	0431-81629667
印　　刷	三河市燕春印务有限公司

ISBN 978-7-5463-8726-0　　　　定价：39.80 元

前　言

学校教育是个人一生中所受教育最重要的组成部分,个人在学校里接受计划性的指导,系统地学习文化知识、社会规范、道德准则和价值观念。学校教育从某种意义上讲,决定着个人社会化的水平和性质,是个体社会化的重要基地。知识经济时代要求社会尊师重教,学校教育越来越受重视,在社会中起到举足轻重的作用。

"四特教育系列丛书"以"特定对象、特别对待、特殊方法、特例分析"为宗旨,立足学校教育与管理,理论结合实践,集多位教育界专家、学者,以及一线校长、老师的教育成果与经验于一体,围绕困扰学校、领导、教师、学生的教育难题,集思广益,多方借鉴,力求全面彻底解决。

本辑为"四特教育系列丛书"之《课堂教学与管理艺术》。

目前,在我国的学校教育中,课堂教学仍然是一种主要的教育教学活动,要想有效地提高课堂教学质量与效率,就必须充分尊重和应用教育科学理论,系统学习、研究、提高课堂教学艺术水平,这不仅是对课堂教学的客观要求,而且是教育教学研究的发展趋势之一。因此,有志于从事教育事业去当一名教师的教育专业学生,都有必要去学习、研究课堂教学艺术,为今后做一名合格的教师做好充分的准备。本书把教育教学理论和教育教学实践有机地结合起来,系统地研究课堂教学的规律和实践,研究教学过程中的各种实际问题。

本书还有另外一个很明确的目的,那就是确立班级管理的专业地位,提升师生教学质量。我们分别从学生、教师(班主任)的角度分别进行说明。班级管理是门艺术,但凡艺术殿堂的攀登,都需要自觉地奉献;班级管理又是门科学,涉及科学领域的探索,必依赖智慧的涌动。希望本书的出版,能为工作在一线的广大中小学班主任提供一个支点;同时,唤起一部分对班主任工作感兴趣的专家学者的热情,共回来研究这个新课题,让班主任班级管理这项至关重要的工作,更具科学性和艺术性。这也是本书编写的意义所在。

本辑共 20 分册,具体内容如下:

1.《怎样把课说好》

"说课"是深化教育改革,探讨教学方法,实践教学手段,提高教育教学业务水平的一种好方法,也是教师进一步学习教育理论,用科学的手段指导教学实践,提高教学科研水平,增强教学基本功的一项重要方法。本书主要从说课准备、精心设计与组织说课材料、幽默为教法服务、情感学法说课、辅助教学程序、互动教学目标、应对说课失误和总结说课经验等方面来进行铺垫和阐述。我们站在说课者的角度,多层次地模拟了说课中遇到的各种问题,并提出了相应的改进措施,希望教师在说课中少走弯路,对于日后的说课教学能起到更大的帮助。

2.《怎样设计教学情境》

本书着重探讨了如何使新课程提倡的自主学习、探究学习、合作学习真正进入课堂之中。通过介绍西方课堂设计的理论和教学策略，总结国内课堂教学改革的成功经验，为教师进行有效的课堂设计提供切实的指导和帮助。

3.《怎样把课备好》

备课能力是一个教师最基本的业务能力。备课是教师教学活动的一个重要组成部分，也是上好一堂课的前提和重要保证。教师要上好课，首先必须备好课，备课是一项深入细致的工作，是教师达成良好教学效果的关键。教师备课最需要用"心"、用"情"、用"力"和重"思"。

4.《怎样把课上好》

课堂动了，学生活了，互动、对话成为课堂教学的常态了，课堂上出现一系列变动不居的场景也就在情理之中了。教师根据课堂教学中生成的各种资源，形成后续的、新的教学行为。动态成为常态，生成成为过程，这些教学的新要求，是上课时教师需要加以灵活掌握的，也是本书所要介绍的。希望通过本书，教师不仅能获得教学的新理念，过能获得基本的教学策略。

5.《走出教学雷区》

由于学识、经验、能力、性格、思维等诸方面的限制，教师由于认识和行动上产生了偏差，在教学过程中走入误区在所难免。本书列举了日常教学工作中教师常出现的一些问题甚至错误，分析这些问题产生的根源及这些问题在教学中的呈现形式，提出解决的方案，引导教师避免或者走出误区，通过"行动—反思—再行动—再反思"，引导教师做一个反思型教师，促进教师在专业化的道路上更快地成长和进步。

6.《让学生出类拔萃》

在学校里，学生是重点培养对象，作为教师，不能忽视对他们的培训和教育。教师应该正确认识和了解学生，做好教学工作，积极引导，严格要求，满足他们强烈的求知欲，充分施展其才能，培养其积极进取的态度、使其掌握较好的学习方法，促进其共同发展。

对学生的培养是一项艰巨而漫长但又极具乐趣的工程，希望通过本书的学习，我们的教师都能发现学生的优点，精心、尽力培养，让他们走得更远！

7.《一对一教学》

在中国，"一刀切"式的教学方法普遍存在于课堂中，然而，每个学生特点各异，只有建立在了解学生基础上的个性化教学才能使学生受益无穷。

学生成功的关键不是崭新的课本、新潮的教学技巧，也不是最新的教学设备，而是优秀的教师。我们有责任坚持不懈地寻找和发现优秀的学生，我们也要认识到每一个学生都与众不同。本书致力于了解我们的学生并找到适合各个学生的教学方法，因材施教。

8.《让课堂动起来》

教师如何形成新的课堂教学艺术技巧，如何让课堂变得更加生动有趣，这正是本书论述的要旨所在。

教师要上好一堂课，除了要有热情与高度的责任感外，还要有渊博的知识和一定的讲课技巧。教师必须认真备课、多动脑、多想办法，有了一定的授课技巧，课堂就会时时呈现出精彩！

9.《不怒自威》

本书以清新的笔调、翔实的案例强调教师要树立起自己的威信。教师除了要师德高尚、敬业爱生、专业精湛、诚实守信、仪表得当，还要宽严有度、教管有方、赏罚分明、公平公正。只有这样，学生对教师才能心悦诚服；也只有这样，教师才不会在"学生难管"的哀叹中丧失教育的权威。

10.《好学生是怎样炼成的》

行为变为习惯，习惯养成性格，性格决定命运。一个动作、一种行为，多次重复，就能进入人的潜意识，变成习惯性动作。习惯对每个人梦想的实现、命运的选择起到了决定性作用。青少年正处于一个习惯的塑造和培养期，养成良好的习惯会会使其受益终生。

11.《与差生说拜拜》

本书以新颖的创作手法和情真意切的教育语言从多个方面阐述了怎样对后进生进行转化，如何正确认识后进生，坚守对后进生的教育之爱，唤起后进生向上的信心，解开后进生的"心结"，有针对性地解决后进生的"问题"行为，加大对后进生的学法指导，提升后进生的自身能力，善用工作技巧来解决后进生问题，走出教育后进生的误区。本书有较强的可读性、针对性、实用性和操作性，对教师转化后进生的教育工作有实际性的参考和切实有效的帮助。

12.《从管到不管》

课堂管理艺术和技巧是以学生发展为本的，是教师教学智慧的表征，是教学实践的经验概括和理性提升。本书所阐述的艺术和技巧是简单的、实用的、可操作的、可借鉴的。教师通过本书的阅读和借鉴，能够在课程实践探索的道路上，不断更新课堂管理理念，优化课堂管理行为，形成新的教学本领和新的课堂管理艺术，让课堂教学焕发出生命的活力。

13.《把握好教学心理》

为了帮助读者成为"有意识的教师"，作者提出了若干问题以引导学生思考和学习，并列举大量课堂实例，作为实践范例。本书鼓励教师去思考学生是如何发展和学习的；鼓励教师在教学之前和教学过程中做出决策；鼓励教师思考如何证明学生正在进行学习、正在迈向成功。本书反映了当前有关的新理论与新进展，所介绍的各种研究结论在课堂实践中得到了验证与应用。该书所倡导的兼收并蓄的均衡教学为教学的专业化发展奠定了基础。

14.《完美的班规》

优秀的班集体需要制定行之有效的班规。本书采用了通俗的创作方法，把死板的道理鲜活化，把教条的写法改变为以案例为主、分析、评点为辅，把最先进的教育理念和方法融入有趣的情境中。经典的案例、情境式的叙述、流畅的语言、充满感情的评述、发人深省的剖析，娓娓道来、深入浅出，让教师更充分地领会先进、有效的教育方法。

15.《让问题学生不再成问题》

班级里总有一些违反纪律的学生，教师在他们身上花费很多精力，然而收效甚微。教育这些学生，需要耐心，更需要教育的智慧。

本书针对这一现象为教师提供方法，努力在这个问题上把智慧型教育理论化、具体化、可操作化，且适当规范化。

16.《消除师生间的鸿沟》

本书在编写中，尽力以轻松的笔调来谈论教育中的师生关系这一问题，以求能让读者在阅读中有快乐、有启发、有思辨。本书每一篇章均采用夹叙夹议的编写风格，叙述的是事例，议论的是道理。本书通过"生活事例——生活道理——教育道理——教育案例"这种内外结合、纵横交错的行文方式，能够让读者更广泛、更深刻地明白教育道理。

17.《用活动管理班级》

随着社会和教育的发展，我们对班级的认识也不断地发生变化。班主任的角色定位与对班级性质的认识应该是相匹配的。班级活动作为班级功能主要的承载体，在功能、形式和内容上同样需要在新课程背景下重新定位。本书紧扣班主任专业化发展这一核心理念，从班主任实际工作需要出发，由案例导入理论问题，又理论联系实践，突出案例教学与活动的组织和设计，不仅贯彻教育部提出的针对性、实效性、创新性、操作性等原则，而且便于进行系统、有选择性的培训。

18.《学生奖惩艺术》

现在的学校普遍提倡激励教育，少用处罚手段，认为处罚只能打击学生的自尊心，使学生丧失上进和改正缺点的动力。但是，激励不是万能的。教育不能没有处罚，没有处罚的教育是不完整的教育。本书针对教师如何奖励和处罚学生进行了系统而深入的分析和探讨，并提出了解决这一问题的新思路、可供实际操作的新方案，内容翔实，个案丰富，对中小学教师颇有启发意义。本书体例科学，内容生动活泼，语言简洁明快，具有很强的针对性、系统性、实用性、实践性和指导性。

19.《永葆教育激情》

谁偷走了中小学教师的激情？教学工作对教师产生了什么影响？教师职业倦怠的原因是什么？克服倦怠的具体行动有哪些？如何正确认识和缓解工作压力？本书对教师的职业倦怠进行了系统而深入的分析和探讨，并提出了解决这一问题的新思路、可供实际操作的新方案，内容翔实，教案丰富，对中小学教师颇有启发意义。

20.《超级班级管理法》

班级管理是门艺术，但凡艺术殿堂的攀登，都需要自觉地奉献；班级管理又是门科学，涉及科学领域的探索，必依赖智慧的涌动。本书是多位优秀班主任集思广益的结晶。一是实用性，所选的问题都来自班主任的实际工作，容易引起班主任的同感。二是可操作性，提出的应对方法都简便易行。三是时代性，所选问题与当前课程改革及学生实际相结合，具有浓厚的时代气息。

由于时间、经验的关系，本书在编写等方面，必定存在不足和错误之处，衷心希望各界读者、一线教师及教育界人士批评指正。

编者

C 目 录
ONTENTS

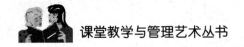

装束：学生眼睛一亮

教师如何着装？看似是个私人问题，实则不然。要想让课堂生动有趣，教师就必须注意自己的着装，因为美的着装就是注意力的焦点。

假如一个教师不能有效地吸引学生的注意力，那么他的授课质量毫无疑问会大打折扣。

教师往讲台前一站，立即便有几十双眼睛将其紧紧罩住。他们的目光就像舞台上的聚光灯，教师走到哪儿，灯光便打到哪儿，学生的目光便追随到哪儿，注意力便"定"在了哪儿。

对此，著名教育学家加里宁曾说过："教师仿佛每天都蹲在几百面镜子前面，因为课堂上有几百双精锐的、富有敏感的、善于窥视你优点和缺点的孩子的眼睛，在不断地盯视着你。"

是的，学生是具有丰富精神世界的人。他们富于情感，热烈地追求着美，美的事物对他们始终具有强烈的吸引力和感染力。

一个从外表到内心都很美的教师，往往能在学生的心灵深处留下难以磨灭的印记，并为学生所终生效仿。对于高年级的学生，虽然他们基本上形成了自己的审美观，并有着较强的判断是非的能力，但教师仪表的好坏，仍然会使他们产生好感或厌恶情绪，从而影响教师在学生中的威信，乃至影响他们授课时的效果。着装，对于一个教育工作者而言，有时确实能起到画龙点睛的作用。

但是，教师到底该以什么样的形象出现在学生的面前呢？尤其是对于刚刚踏上讲台的年轻教师来说，太过保守有脱离时代之嫌，太过时尚又有不够端庄之惑。那么，教师到底该如何着装呢？

我们先来看一个案例：

孙丽是一位初登讲台的女教师，同其他许许多多的女性一样，对形象美、衣饰美有着与生俱来的喜爱和追求。

孙丽在上大学时，不忍心用父母的血汗钱来满足爱美的需求，于是产生了强烈的学做衣服的念头。她买来可意的布料，先在纸上设计样式、排料与尺寸，然后搬到布上剪裁，最后一针一线缝起来。几经修改，裙子做好了，虽赶不上商店里的那样精致却也落落大方。她穿上自己亲手设计制作的衣服，心里真是美极了，听着同伴的赞美和夸奖便又增添了几分自信和自豪。从此以后，设计服装成了她的业余爱好，对服饰美也产生了自己的见解。

工作以后，她迫不及待地添置了必要的缝纫工具，手艺、服饰质量及审美趣味也随之提高了。

有了巧手只是有了物质美的基础，要穿戴出美感来需要有一颗慧心。衣饰之道，重在和谐。

首先是衣饰与个性的和谐。这些个性特征不仅包括内在气质、性格爱好，也包括个人的身材、肤色、容貌等外在特征。她对朱红色有特殊的偏爱，因为它热烈奔放，能展示她的朝气，并且可以将肌肤衬得更加白皙；她常穿连衣长裙，因为它使她飘逸、潇洒并且显得个子高些；她喜欢白衣衬托下的黑马夹，因为它使她显得精神、洒脱。衣饰只有顺应人的本性才能和谐、自然。

其次是衣饰搭配的整体和谐。她喜欢套装和连衣裙等上下同色花的衣服，因为它们整体效果好。她喜欢黑色，黑色庄重、宁静，是万能色，它能和红、白、黄、绿等搭配出不同的风格，或庄重温柔，或清爽年轻，或高贵典雅，但这些颜色都一定要淡而不艳。她还会用剩余布料做手袋、背包、发带等来和衣服相配，好看又不艳丽，而且还能达到整体和谐。

孙老师个子不高，文静大方，一头黑亮的头发直垂而下，很是漂亮，但她从不带花花绿绿的发卡。

孙老师走路，总爱昂着头，那泼墨如云的黑发软软下垂，随着她的脚步，极有节奏、极有情致地摇摆着，给人以高雅而优美之感。

孙老师的学生很喜欢她，她的学生私下里都说："我们数学老师在黑板上写字的姿势真酷，那微微颤动的长发像潺潺而落的瀑布，仿佛知识是从这里流出来的，我们都特别喜欢上孙老师的课。"

现在看来要想让课堂更加生动有趣，就千万不能忽略自己的着装，千万不能忽略自己的仪表。当然，我们并不是说，每位教师都应像案例中的孙丽老师一样，要自己设计、裁剪衣服，我们只是通过详细描述一位教师是如何朴素而又美丽地打扮自己，从而赢得学生喜爱的故事来说明一个道理：

当教师站在学生面前，还没有开口的时候，他的仪表已经在向学生"说话"了。仪表虽是一个人的外表，却并不是硬套在这个人身上的，而是这个人内心世界的外在表现，精神气质的自然流露。顺应时代的潮流，教师上课时打扮得帅气、美丽，不但能使自己有好心情，学生的眼睛也会为之一亮。

作为一名合格的教师，要想让学生爱听自己的课，就要让他们先"爱"上自己。

教育学的研究表明：教师的服饰陈旧、色彩单调，对课堂气氛和学生情绪，会起到间接的消极影响。

一样的教室，一样的学生，一样的教师，这种每天雷同的环境，多多少少会给人一种沉闷感。而沉闷的生活总是无味的，也是最让师生无奈的，这就需要通过教师的着装来调节了。

优雅得体的着装，不仅能调节课堂的气氛，影响学生的心情，还可以防止他们"审美疲劳"，提高他们的注意力。

过去，那些传统的教书先生是不太讲究服饰的，以致给人一种"迂腐"之感。

今天的教师，除恪尽职守外，还应有一种"职业美""现代美"的意识。所以，每一个优秀的教师都应注意自己的服饰美。

要知道，教师在讲台上的衣着打扮、一言一行都可能成为学生模仿的对象，或者成为他们评价自己的理由。

讲台上良好的着装，可以让教师在短短几秒钟内便能赢得学生的好感，树立自己的威信。当然，它也是融洽师生关系、调节课堂气氛的重要手段之一。

作为教师，服饰不仅仅是个人的问题，在一定程度上还体现了对学生、对教学工作的尊重，是自爱、爱人、爱生活的一种表现。

对于学生来说，教师无时无刻不在向学生展现自己的美，无时无刻不在提高学生的审美趣味和审美力。

如果学生一直处于美的环境中，在美的气氛中成长，那么他对人生往往也会有一种积极向上的看法，更愿意用美的眼光去看待身边的事，颂扬身边的人。

而这种状态正是我们的教育所倡导的：教给学生如何去发现美。否则，我们的学生就会"缺少一双发现美的眼睛"。

在教师的身上应该体现出时代气息，不能因循守旧，落后于时代的发展。当然，讲时代感，并不是要教师处处追求时尚。

曾经有一位女教师在上一堂公开课时穿了一条十分艳丽的花裙子，上课时学生思绪不够集中，发言也没有平时出色，上课的效果没有预期的好。下课一询问，她才知道很多学生整整一节课都在数她的裙子上到底有多少只蝴蝶。

也有学生认为，教师穿着怪异，亦会让学生产生反感情绪，由此质疑该教师的教学能力，造成不好好听课的心理反作用力。

可见，作为一名教师，其着装必须符合学生的审美标准，必须在为人师表的宗旨下，打扮得整洁朴实、美观大方，充分地把健康的审美观点和精神风貌呈现给学生，进而增强他们上课的兴趣，集中他们的注意力！

下面给教师展现服饰美提供几点有益的建议。

1. 整洁

所谓整洁也就是整齐和清洁，教师的衣服不论其质量好坏、新旧如何，都要做到端正、妥帖，衣服要洗干净，每粒扣子都要扣好。这样，即使衣服穿得很朴素，款式已陈旧，质料也一般，也会给人以清新、高雅之感，令学生产生可敬可亲之感，无形中会成为学生学习的榜样。

2. 稳中求变

经常变换花样或款式。对于那些款式陈旧、朴素的服饰，尽量有些变化，比如匹配不同的领带、丝巾等，以吸引学生的注意力。

3. 大方

所谓大方也就是在服饰、发式方面不要过分追求时尚、华美。

一般来说，教师的服装式样宜在明快和自然上下功夫。衣服色彩不宜太鲜艳、太刺眼，而应以素雅、含蓄为好。

一个教师如果经常打扮得花枝招展，将会分散学生学习上的注意力，并有可能成为一部分学生议论的话题。这样，会影响教师教学的效果和课堂氛围，是不可取的。

4. 和谐

和谐是指教师的着装从头到脚应该和谐，包括上下的协调，以及与种种装饰品的协调，如领带、丝巾、胸花、纽扣、眼镜等。服饰给人的第一印象就是色彩，因此首先应该讲究色彩的整体和谐。另外，服装各部分的造型、发型也要注意协调统一，以达到整体的和谐。

5. 与身份相符

着装要与自己的性格特点相符，与年龄特点相符，与教师的身份相符。

人们在不同的场合对服饰有不同的要求，教师的着装要同职业相适应。如果将人与服饰看作是一个整体，那么首先就应该考虑与背景协调。

总而言之，在学校这个环境中，教师的着装应简洁大方、端庄典雅，既为人师表，又有助于营造宽松和谐的课堂学习氛围。

应该说服饰的审美价值，一方面是通过服饰的整体设计创造出来的，另一方面则是通过与穿着者完美结合而体现出来的。

所以，对教师而言，应该对自身的各方面因素有整体的把握，使外在包装更好地体现出内在的神韵。当然，只要多一些自信、多一些协调，便会找到适合教师身份的最佳装束，穿出个性、穿出风格，真正做到"衣如其人"，让学生满意，又让他们注意力集中，达到审美与听讲效果相结合的目的。

会面：留给学生良好的第一印象

俗话说"一个好的开始就等于成功的一半。"人的第一印象是相当重要的，人们对某一件事的兴趣大多跟着第一印象走。我们常听学生说："这老师，从一见面我就不喜欢他，以后一上他的课就烦。"所以，这"一见面"就显得十分重要。一见面，学生只有喜欢教师这个人，才会喜欢他的课，才会愿意接受他传授的知识；也只有喜欢他，学生才会主动配合他，共同创造生动有趣的课堂氛围。

所以，作为教师，一定要给学生留下良好的第一印象。

其中，与学生的第一次见面，开好第一次班会，上好第一堂课，是最重要的三个第一印象。

一、与学生的第一次见面

让我们先来看一名学生写的文章。

初一报到的第一天，刚走进教室，第一眼见到的便是我的班主任——王靖老师，一个带着眼镜、梳着不高的辫子、穿着一身休闲服的女孩，身上透着刚出校园不久的那种学生气，而且似乎是一个很柔弱的人，不过让我感觉很亲切、很自然。

当我站在班级门口，迟疑我是不是该进这个班的时候，她走到了我的跟前，说："你是季玉玮吧。你是我们初一一班的，先进来坐下。"很惊讶她居然认识我。

等全班到齐了，她便开始介绍自己，让我们了解她的基本情况。也许我们是从小学刚升入初中，大家并没有对她是第一次当班主任而感到太多的好奇，只是很认真地听着她的话。从那一天起，我开始了初中三年的生活。当然也是从那天开始，我慢慢了解了她的教学、她的为人，以及她很可爱的一面。

直到有一天和她一起回忆起开学第一天的情景，她才和我说出了她当时的心情。原来为了能在第一天就认识大家，在放暑假的时候，她就把全班同学的资料看了一遍又一遍，所以当天看见每一名学生她都显得很熟悉。说起她的自我介绍，因为怕忘词，她写在了本子上，在家里已经练习了好几遍。看起来只不过是闲聊，但我感觉到了她的认真，为了那一天特殊的开始，费了很多心思。

第一天走进学校的学生对什么都是新鲜的，对教室是好奇的，对教师更是充满想象的：是男教师还是女教师？是老教师还是年轻教师？是教语文还是教数学？是和蔼还是很严厉？他（她）会对我好吗？……

第一次以教师身份走进班集体，就像演员登上了正式演出的舞台，学生、家长的目光就如同镁光灯一般照射过来。教师生涯正是从这一天开始的——

学生报到的前一天，我来到教室，把桌椅排列得整整齐齐，把教室的门窗也擦得干干净净（我不愿看到我的学生穿着新衣服坐在灰蒙蒙的教室里），教室后的黑板上写着我精心准备的欢迎词，教室前的黑板上则写着班级座位表（让每个学生一进门就可以对号入座，学生的身高我是从学生资料上获得的）。学生第一次进班是我的"客人"，我就是这个家庭的"主人"，我希望我的学生第一次踏进班级就能感受到新集体的温馨、洁净和有序，也希望今后的每一天，他们都能将班级保持这样洁净。至于每个人的模样和名字，早就印在我的脑海中了，我想他们一进门，我准能喊出他们的名字，对他们而言，那是怎样一种惊喜啊！

新生报到的当天，我有点儿激动，起得很早，把自己仔细装扮了一下，得体的套装最能体现教师的身份，这样或许我可以在学生眼里显得亲近些，也好让家长们放心。

我最早来到班上，我要用微笑去迎接我的每一个学生的到来。"你好！你是某某同学吧！二班欢迎你！"……

这位教师的做法有许多可取之处。那么，作为一位新教师，尤其是新班主任，在与学生第一次见面时，应该注意些什么呢？我们不妨先来看看下面表格中的建议。

	与学生第一次见面前我们该做些什么？	
资料准备	记住每个人的姓名	在第一眼看到他时就能准确认出来
	了解每个人的学习成绩	对班级学生大致状况做到心中有数
	了解每个人的特点	便于组成临时班委会
	了解每个人的身高	提前安排好教室座位
	了解每个人的住址与父母单位	最好有针对性地提前家访，了解学生的家庭背景与教育情况
环境准备	把班级卫生打扫干净	让学生一进门就对班级有个好印象
	写上新集体的欢迎词	营造温馨的班集体氛围
	把学生座位表提前写在黑板上	让学生一进教室就能找到自己的座位
	美化教室	展示个人的才华
心理准备	提前准备好第一次发言的提纲	主要对孩子进入中学提出希望
	对学生提出新集体的要求	可以事先写在黑板上或用多媒体投影在屏幕上
	提前到校	第一个到班，用微笑迎接每个新生的到来
	准备好相机	把开学第一天记录下来，对学生和自己都是最美的回忆
	形象与服装	装扮得体大方，不要浓妆艳抹，不要戴过多饰品
	带上备忘录	把重要的事情记录下来，以免忙中出错

二、开好第一次班会

对于一位起始年级的班主任，为尽快形成班集体，增强班集体的凝聚力，增进学生之间的相互了解，调动学生的学习积极性，可以以"我想在这样的班集体中生活"为主题，设计一次主题班会。下面提供了一个"融入新集体"主题班会的活动方案，也许会对教师有所启示。

"融入新集体"主题班会

第一环节——登上青春舞台

1.活动目的：

增进学生之间的了解，增强新集体成员间的情感交流。

2.活动设计:

(1) 猜猜他是谁? 让全班同学各选一张自己童年、少年时期的照片,将这些照片打乱,在实物投影仪上展示或做成幻灯片,以抢答或小组竞答的方式请大家猜猜照片中的"他"或"她"是谁,以活跃班级气氛,消除大家紧张、陌生的感觉,拉近彼此之间的距离。(教师也可以把自己的照片放入其中)

(2) 猜猜我是谁? 让大家提前把自己的名字编成谜语,或把本人的主要特征写在卡片上,由主持人提问:猜猜我是谁?(难度比上一活动大,可以用选择题的方式,提供一些姓名,让学生自己判断选择)

第二环节——聆听成长心声

1.活动目的:

了解学生特点,发现学生特长,展示学生个性。

2.活动设计:

(1) 让学生提前准备一份个人资料(一张精致的个人资料卡片)。

姓名		性别		生日			
毕业小学						担任的职务	
家庭住址						电话	
我的自画像							
同学眼中的我							
家长眼中的我							
我的特长与爱好							
我理想中的新集体							
我理想中的新老师							

(2) 小组交流:小组交流后推荐一个代表到班级交流。

(3) 会后将学生的卡片贴在墙报或板报上,便于学生相互交流,增进了解。

第三环节——奏响生命旋律

1.活动目的:

活跃班级气氛,让学生在音乐中憧憬新的集体生活。

2.活动设计:

(1) 歌曲或表演:多媒体播放《童年》MV。

（2）回忆童年趣事：说说童年自己印象最深或最有趣的事。

（3）畅想明天：在音乐中畅谈自己对新集体的美好憧憬。

第四环节——荡起理想之舟

1.活动目的：

将自己对未来的理想融入集体与现实之中，脚踏实地去实现自己的理想。

2.活动设计：

将自己对初中三年设定的理想与对班集体的祝愿写在彩色纸上，折成小船或千纸鹤，串起来挂在教室中。

结束

《光阴的故事》多媒体播放。（引导学生珍惜生活中的每一天）

作为新班主任，如果能把每周一节的班会课抓好，这对新班级建设的有利程度是不言而喻的。一般说来，班会前要考虑以下几个方面的问题：班会的主题是什么？学生需要了解哪方面的内容？需要设计哪些主要环节？需要运用怎样的表现方法？希望达到怎样的目的？

三、上好第一堂课

美国著名教育家夸美纽斯在其名著《大教学论》中，生动地将学习比喻成吃饭，吃饭要有食欲才能吸收，学习要有兴趣才能接受。爱因斯坦也说过："兴趣是最好的老师。"所以，对教师来说，第一节课必须精心准备，这是教学成功的第一步。

让我们再来看一则经典案例。

从一年级一直到六年级，不知道有多少位老师教过我，遗憾的是我对他们好像都没有什么特别的感觉，可是万万没有想到，新学期的第一节课还没有结束，就遇到了我这辈子不能忘怀的您——韩老师。

【策略备忘录之一】："高度重视第一次上课"，对于一个连续六年，不知听过多少节课的学生来说，最大的遗憾就是对所有教过他的老师"好像没有什么特别的感觉"，可突然有一天却奇迹般的对于仅仅听过一节课的老师产生了"让他一辈子不能忘怀"的感受。可见第一堂课，对于教师来说至关重要，它可以起到一种"先入为主、先声夺人"的效果。首先，它可以尽快地建立教师的威信；其次，可以增进师生的感情；最后，还可以提高学生的学习兴趣。因此，上第一次课之前，教师要做好充分的准备，要有一个出彩的亮相，要通过得体的穿戴、自如的谈吐、轻松的微笑、渊博的知识让学生感受到教师是一个自信、乐观且充满智慧的人，从而从心里喜爱和敬佩教师。

"铃——铃——铃——同学们好——"随着问候，您走到了讲台前。"新学期的第一节数学课就要开始了"，当我心怀失望胡思乱想之际同学们齐刷刷地回问道："老师好——"，没想到您却一本正经地说："同学们错了。"就在大家惊愕之际，您推了推眼镜，笑眯眯地说："我可是你们老师的老师，你们说说，该怎么问候呀？"大家立刻省悟过来，齐声道："师爷好——""哈哈哈——"您笑了，我们也笑了。

【策略备忘录之二】："那开场白说得越来越壮丽"——运用幽默的语言，设计精彩的开场白。教学幽默是指教师运用出人意料的语言、动作、表情、物件，以期唤起学生的学习动力，激发学生的学习兴趣，启迪学生的智慧，让学生在和谐愉悦的气氛中掌握知识经验的心理过程。苏联著名的教育家斯维特洛夫指出："教育家最主要的，也是第一位的助手，就是幽默。"风趣幽默的教学语言充满了磁性和魅力，学生在开怀大笑中接受的知识，往往能够铭记终生，永难忘怀。运用幽默的语言制造出别开生面、引人入胜的开场白往往会起到一种出奇制胜的效果。第一次来上数学课的老师一本正经地说："同学们错了"时，所有学生的心弦一定被紧紧扣住了。当老师笑眯眯地说："我可是你们老师的老师，你们说说，该怎么问候呀"的时候，"我是你们老师的老师"产生的"近因效应"瞬间在陌生的师生之间弥漫开来，充满浓郁师生情感的"师爷好——"自然在师生共同的欢声笑语中流露出来。这段精彩的开场白缩短了师生的情感距离，创设出了积极、和谐、富于情趣的教学环境。教师可以搜集一些富有幽默感的格言、警句、妙语、机智之言、风趣小故事、笑话，以作为开场白所使用。

还没等我反应过来，您就开始了自我介绍，"鄙人姓韩，名大伟，但不是韩伟大"。在同学们的笑声中您转身在黑板上奋笔疾书，眨眼间"韩大伟"三个龙飞凤舞的字跃然黑板之上。哇——，太漂亮了，简直是帅呆了！不知道是因为我孤陋寡闻，还是因为老师的粉笔字写得实在太棒，瞧，特别是大伟的"伟"最后一竖如一把利剑从黑板的中间直刷刷地垂了下来。听说您还是高级教师，有十几篇论文都在全国的报刊发表过……正当我暗暗庆幸自己遇到了一位好老师的时候，您已经不动声色地拿起粉笔在黑板上"唰"地画出一个圆，然后写出课题"圆"，潇洒的书法、优美的图形，连我在内的所有学生不由自主地再次发出"哇"的惊叹。接着，您魔术般地用左手在黑板上"唰"地又画出一个圆，这两个圆就像用圆规画出来的一般，用尺一量，竟一样大小，同学们被您深厚的基本功所折服，报以热烈的掌声，就连我这个一向被同学们称为冷血动物的人，此时此刻也已激动得热血沸腾。

【策略备忘录之三】："我想留给你好印象"——利用"前因效应"做好自我介绍。"前因效应"也叫"第一印象效应"，即由初次见面时所形成的对一个人的印象。第一印象固然不一定真实，但在人际交往中却作用重大。第一印象，直接影响到对这个人的信任、尊敬、崇拜的程度，继而影响这个人工作的开展情况。教师给学生的第一印象，对教师威信的形成有重大影响，所以在工作中，教师必须十分重视给学生留下一个美好的第一印象，要努力上好第一节课，与学生见好第一次面，认真批改好第一次作业，慎重妥善地处理好第一次意外事件，精心开好第一次班会，等等。

【策略备忘录之四】："趁热打铁才能成功"——利用精深专业知识扩大"首因效应"。再美妙的自我介绍，如果没有教师精湛、渊博的专业知识做支撑，都是没有说服力的，也是不会持久的，因此教师威信的真正形成，仅靠第一印象还不够，精深的专业知识和广博的相关学科知识，是支撑威信形成的重要条件。韩老师之所以让"我"和全体同学连续地发出"哇——""哇——"的赞叹，其成功之处就在于自己超高的专业水平使学生刚刚产生的"首因效应"进一步扩大化。马卡连柯说过："学生可以原谅教师的严厉、刻板甚至吹毛求疵，但不能原谅他的不学无术。"一个教师，要想顺利完成"传道受业解惑"的任务，必须要有精深的专业知识；否则，浮光掠影，一知半解，甚至虚假错误，不仅不能完成教学任务，更重要的是还会误导学生，造成学生对教师的不信任，使教师的威信大大降低。所以，充分提高自己的专业水平是教师威信稳定持久建立的重要基础。

"圆有多少条半径？"您开始提问了，同学们早已小手如林。"朱帅，你来回答。"正当我和同学们惊异您是如何知道这个同学的名字时，朱帅支吾了半天回答出了"无数条"。"好吗！朱帅，朱帅，真的是名副其实啊！不仅人长得帅，问题回答得也帅，希望新的学期你能够成为我们班级中成绩最帅的小帅哥。"师爷您的这几句话再次引来了全班同学善意的笑声，再看看朱帅的脸早就灿烂成了一朵美丽的玫瑰花。

【策略备忘录之五】："你的名字彻底敲响我的耳鼓"——记住学生特别是后进生的名字。曾有人问一位心理学家："世界上最美妙的声音是什么？"答案是："听到自己的名字从别人的口中说出来。"因为这样会使对方感到亲切、融洽；反之，对方会产生疏远感、陌生感，进而增加双方的隔阂。其实，教师威信的树立也可以通过"记住学生名字"的途径来培养。事实上，一些姓名不为人知的学生中（特别是后进生，朱帅就是这一类的代表），绝大多数都有很强的自尊心和进取心，他们也希望被别人重视，成为有尊严的人，他们渴望得到同学的尊重，更渴望得到教师的重视和信任。教师在课堂上出乎意料地叫出了他们的名字，能让他们产生极佳的心理效应，甚至改变他们今后的人生之路。因此，教师在接任新班级后，未到开学，即可先行阅读学生基本资料，熟悉学生的姓名。

【策略备忘录之六】："这颗心多高兴被你赏识"——关注、赏识后进生。新学期伊始，每个学生在心灵上都有一种积极向上的愿望，特别是新接一个班的时候，学生看到换了教师也换了环境，不管这个学生原来的情况如何，他都会萌发出一种"一切重新开始"的向上心理，都渴望在新的学期里，自己的行为表现能够引起教师的关注，都渴望得到教师的赏识。特别是后进生，由于以前获得教师赞赏的机会很少，或者除了受到斥责和处罚外根本就没有得到过赞赏，因而他们会时时告诫自己，不要重犯原来的错误，一定要好好学习，对自己充满希望和信心。而在此时，教师的及时关注、帮助和赏识无疑就成了他们前进的动力、信心的增强剂。韩老师对后进生朱帅的一番赞扬让"朱帅的脸早就灿烂成了一朵美丽的玫瑰花"，学生对教师由衷的敬佩与自信就可能在这表情的变化中萌生起来。

"报告！"上学期经常迟到的王存又迟到了，所有同学的目光一下子聚集到了正在讲课的您身上，大家都在拭目以待，该怎样处置这个迟到者呢？有好几位同学轻声告诉您："他上学期一迟到，老师就让他罚站——"可是您似乎没有听到这些，"怎么迟到了？"面对王存您的语气显得很平淡。"睡过了",王存汗涔涔地喏嚅着。全班同学都没有想到您竟示意他回座位坐下。您真诚而恳切地说:"同学们,王存同学没有说假话,很诚实;他尊重老师,报告以后经老师同意才进入教室;他努力过,从他脸上的汗可看出。这样有礼、有节的迟到,我还能说什么呢?相信他新的学期一定会有一个良好的开始,以后一定不会再这样了。"真没有想到啊!没有想到韩老师您竟然这样和风细雨、善解人意。再看王存,从他的表情里我分明读到了内疚与歉意,读到了感动与决心,不知是谁带头鼓起了掌,经久不息……

【策略备忘录之七】:"爱让我们更精彩"——以宽容之心关爱学生。高尔基说:"谁爱孩子,孩子就爱他;只有爱孩子的人,他才可以教育孩子。"小学阶段的学生,其心理的基本需要中情感的需要是第一位的,对学生多一些理解、信任、尊重、宽容,少一些批评、埋怨,可使学生产生信赖、仰慕和感激,教师对学生的情感,如宽容、爱心和尊重,对学生常常具有迁移作用。得到教师尊重和理解的学生往往精神生活充实,个性品质较为健全,他们也能以真诚之心对待同学、对待集体;反之,得不到教师尊重和理解的学生会厌恶学习、厌恶人生,甚至滋生反社会情绪。教师对学生的信任和尊重,可以使学生产生教师"期待效果",进而去追求成为教师所导向的人,所以教师必须敞开胸怀"爱"学生。

"这节课就上到这里,很高兴认识同学们,再见吧!"您的话语刚刚结束,"铃——铃——铃——"的下课铃声也响了起来。"师爷——再见——""师爷——再见——"尽管您已经走出了教室很远,可从同学们一声声"师爷——再见——"的呼喊声里,我感觉到了他们对您的爱。我真的希望,天下所有的学生都能够喜爱自己的老师,也期盼天下所有的老师都能够喜爱自己的学生。

"好的开始是成功的一半。"这一点在这篇案例中得到了很好的体现。

仔细观察这篇案例,开场白中,韩老师一句"我是你们老师的老师,你们说说该怎么问候呀?"的幽默语言启迪了学生的智慧,让学生在正式上课前就沐浴在和谐愉悦的气氛中;后来的自我介绍,精深的专业知识的表现,是支撑威信形成的重要条件。

"第一印象"固然重要,但是如果没有精湛、渊博的专业知识,就不能真正树立教师的威信。第一节课是好的教学开始，教师在第一节课上要充分展示自己的素质和魅力，给学生留下美好的第一印象，这会对教师今后的教学工作产生事半功倍的效果，也会为教师将来打造生动有趣的课堂打下一个良好的基础。

认真：培育细节精神

细节决定成败。要让课堂生动有趣，教师就要学会关注细节，培育自己的细节精神。

教学活动是由一个一个的细节构成的。教学细节是指教学中细小的环节。细节虽小，却不容忽视，值得教师认真关注和研究；细节虽小，却能折射出教育的大理念、大智慧；细节虽小，却能闪耀出智慧的光环……若能谨慎地、智慧地处理好每一个教学细节，就会不断地给课堂生成智慧，给课堂注入新鲜血液，课堂就将成为人间最美好的诗歌。教师在雕琢、挖掘、处理教学细节中也能更好地发展。细节造就专业，关注教学细节是教师让课堂更加生动有趣的途径之一。

我们来看一个案例。

这是一位教师教学"37+5"的场景。

在活跃的课堂气氛中，学生说出了很多计算方法，教师脸上闪耀着兴奋和自豪。这时候，又有一个学生举手，教师迟疑了一下，最终还是让他站起来回答。这位学生说："老师，黑板上 37+5=42，你写成 43 了。"教师脸上顿时暗了下来，"哦"了一声，转过身把黑板上的题目改了。（可能因为是公开课）这位教师忽然又想起了什么，说："这位同学虽然平时上课不太积极，但是今天却很细心，我们表扬他。"大家听着教师的口令，机械地鼓掌，这位同学脸上也不知是什么表情坐下了。

这位教师已经认识到激励性评价的重要性，但只是把它作为自己实现新课程的一种点缀，而不是发自内心地、由衷地赞叹，在表扬的同时有一种"高高在上"的评判味：你平时学习是不认真的。学生听后的感想如何呢？如果换一种评价：同学发现了一个大家不太注意的细节，真不简单！或者是：你敢于指出老师的错误，真佩服你的勇气！效果又如何呢？因此，教师应关注教学细节。成功的教学必定离不开精彩的细节。关注教学细节，其实就是关注教学行为的改变，就是关注新课程的理念能否落实到位；关注教学细节，就是追求教学实践的智慧与艺术的统一。

一、精彩的细节，来自对学生的倾听

例如，一位教师讲到《观潮》这篇课文时，有位学生在朗读课文时把"漫天卷地涌来"读成"漫天卷的涌来"，由于教师当时没有认真倾听学生的朗读，因此没有及时指出学生的错误。如果教师及时做出判断，"漫天卷地"是一个约定俗成的词语，这个教学细节也许会很精彩。注重细节首先表现为对学生思考的尊重，对学生发言的观察。学生深入、独立思考后创新的火花，是我们教育所期望达到的重要目标之一。精彩的细节，只有在民主、和谐的教学氛围中才能产生。当然，学生意外的发言也许会打乱原先的教学设计。这里就有一个价值判断的问题，这个价值判断反映了教师自身基本的教育观和价值观，是值得教师关注的。

二、精彩的细节，来自对内容的探究

对教学细节的处理是一门科学，也是一门艺术，只有对学生、环境的深入把握与文本内容的深入探究，才会生成精彩的细节。一位教师在《访问环保专家方博士》一文备课时，根据文后的思考题预设了两个知识点——认识引号的用法：①贝加尔湖曾是世界上最深的淡水湖，正被沿河工厂排放的废水"吞噬"着；②歌中唱到"太湖美，太湖美，美就美在太湖水"。学生自己体会到前者表示"不是真的"，后者表示"引用原话"。在解决这个问题时，有学生提到文中"素有'鱼米之乡'美称的太湖"中间的引号表示什么？指什么地方？"太湖——哦——表示特定的称谓"。想不到一个关于引号的知识点在本课中竟然得到了落实。教师抓住时机因势利导——"请说出三个分别表示这样三种不同用法的句子。"顿时学生兴趣盎然，沉浸在知识的海洋之中。

三、精彩的细节，来自对情感的体验

教育的意义就在于让学生自己理解，自己触动，自己体验获得。以语文教学为例，在教学过程中，整体感知后，需要对重点的词句进行品读，进行深层次的情感挖掘，让学生自主发现，寻找自己感触最深的句子，谈谈想法和体会，教师适时进行引发和启示。一位教师在上教研课《黄河的主人》时，一开始让学生看一段黄河汹涌的录像，并用语言描述情景——有的说"波浪滚滚"，有的说"汹涌澎湃"，有的说"黄河滚滚，万马奔腾的气势，令人胆战心惊"。在此基础上学习课文第一段：①体会气势大；②站在黄河上会说什么？（或说"心里害怕"，或说"黄河雄伟"……）③用感情朗读课文。层层深入，环环相扣，恰到好处地抓住"黄河滚滚"这个词语的细节，从而达到教学目的。

　　课堂中的教学细节有很多，教师要记录、交流教学细节，积少成多，聚沙成塔，建立"细节优势"，铺就专业成长之路；要注入理论，搭建平台，构建团队，协力攻关，突破"细节难点"，共享教学智慧，让课堂更加生动有趣。

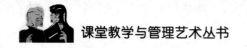

自问：你的教学靠什么

每位教师都想让自己的课堂生动有趣，都希望自己的学生在这样的课堂中学习成长。但是，不是每位都能够做到这一点。

那么，原因何在呢？

有人说过，反思是成长的桥梁。那就多反思自己，在上课之前，多问问自己：你的教学究竟靠什么？

有位资深专家说："如果离开了教学参考书，至少有80％的教师写不好教案，上不好课；离开了课堂同步练习，至少有85％的教师出不好练习题；离开了标准化试题，至少有90％的教师命不好考试题；要是离开了统编教材，至少有95％的教师不知道怎样给学生上课。"

在教师队伍中出现了一批上课靠教学参考书、布置作业靠课堂同步练习、标准化试题的"三靠"教师。这些教师的教学视野较为狭窄，唯课本、"教参"是举，不能跳出课本、"教参"来组织教学，导致课堂气氛枯燥，学生兴趣全无。这种机械模仿、照搬照抄的做法是不利于教师专业化发展的。

教师依靠教参也是出于无奈。有的教师说，平时教学工作量大，工作生活压力大，很少有时间去钻研教材，能把教参研究透已经很不容易了，离不开教参也是不得已而为之；还有的教师认为，自己的业务素质、教学能力达不到教参编写者的水平，依靠教参也是必然的选择。

怎么看待教师阅读、使用教参问题，目前教育界内部分歧明显。反对者认为，教参是计划经济的产物，"一纲一本一答案"。它导致了教学方法的简单化，使学生、教师在教学活动中丧失自我，束缚了教师和学生的思维，课堂气氛过于沉闷，长期下去不利于创造型人才的培养，不利于教师专业化的发展。赞成者认为，教参是教学参考用书，给教师提供了许多教学背景性资料，减轻了教师的负担，方便教师教学。正反两个方面从不同的角度阐述各自的观点，都有一定的道理，不能简单地肯定和否定。

存在决定意识。教参为什么有这么大的市场？这说明教参有存在的合理性，特别是对一些教育资源匮乏、教育现代化水平低、教师专业化程度不高的地区，教参的确能够发挥一定的作用，使教师可以少走弯路，节省时间，启迪教学思路。但是，如果盲目、机械地依赖教参，就会使教参异化，使其原有的价值发生错位。叶圣陶说："这个教参是个鸦片烟"。说的就是教师开始用教参时可能觉得效果好，但时间长了就会产生依赖心理，便不愿钻研教材了。而且一份教参再怎么设计、再怎么完备，它也仅为"一家之言"，不可能顾及到教学中可能出现的各种情况，不可能适合每一个教师的口味，不能满足所有学生的学习需求。因此，在承认教参存在的前提下，教师应该在使用上进行相应的处理，使教参能够激活教师的智能火花，体现出因材施教的教学理念和教学方法。同时，教师还要"活学活用"，既依靠教参又不受教参的束缚。

教学参考书、参考答案，顾名思义，应该作为教学的参考。可是，我们的一些教师却把它视为"圣书"，迷信它、依赖它，甚至对它出现的错误也不敢纠正。这些教师成了"教学参考书"的传话筒，只是力图复制教参编写者的教学思想与教学风格。这种对权威、专家的盲目追崇导致教师的思想受到禁锢，这样的教师其专业化怎能实现？又怎能让课堂生动有趣吸引学生呢？

有位在美国任教的教师把我国的教参与美国的教参进行比较后，认为中美教参的最大区别在于具有两种不同的教育教学观。中国的教参偏重于对教学内容的分析，强调的是落实重点、突破难点，重在"教什么"；美国的教参更多地是对教学方法、教学形式的具体指导和介绍，重点在于指导教师如何激发学生的学习兴趣，调动学生学习的积极性，重在"怎么教"。此外，美国的教参为教师服务的意图体现得非常明显，教参所附的教学资料丰富、形式多样，教师可以根据教学内容各取所需；同时，教参所提供的教学组织方案的操作性、实用性也比较强。

那么，教师的教学到底靠什么？

教师首先应该具有真情。

有了教师真诚的激情，课堂就会变得生动、活泼，学生生命的激情就会被点燃，教师与学生的创造能力就会得到增强。然而，一些教师却缺乏激情，尽管我们的课堂中不乏先进的教学设施、优秀的教学设计、高层次学历背景的教师队伍，但总觉得课堂缺少些什么。看到的是教师以冷漠的表情机械地施教，学生漫不经心被动地受教；看到的是教师的"教学表演"，学生"职业化"的配合。没有真情的表白，没有激情的涌动，一学期下来，连一节能够震撼学生心灵、触发学生激情甚至对学生一生产生重要影响的好课也不曾有过。

一则梁启超先生上课情景的描述令人深思：说到精彩处，梁启超"有时掩面，有时顿足，有时狂笑，有时叹息""悲从中来，竟痛哭流涕而不能自已"，情绪转好又"涕泗交流之中张口大笑了""每当讲过，先生大汗淋漓，状极愉快"。

试想，这种真情的流露是不是更能打动学生的心，使更多的学生难以忘怀？要成为一名有激情的教师，就应该用"心"来教学，通过不断地学习与反思来增强自身的人文素养，从内心深处来唤醒自己的激情，使课堂教学充满着生命的气息。

教师也应当具备一种教师精神与境界。

教育中最大的失败是教师的脑筋僵化了，然后又影响他的学生。有的教师多年使用同一个教案，没有什么新的东西，每天都在"重复过去的故事"。

英国剑桥大学最基本的教学方法是每周至少一次的师生一对一面谈。它实行导师制，导师一般先指定学生阅读一些书籍，要求写出心得报告，然后与学生进行讨论。导师鼓励学生独立思考，对学生的讲评并不是评分，学生没有压力。这体现了师生的一种和谐关系，教师的一种精神。

教师的精神与境界应该体现出人文情怀，将人文关怀渗透在各个不同学科之中。语文就是一门工具性人文学科，不仅承担着传授知识、训练技能的任务，而且还要使学生汲取人文精神，自古以来就有"文以载道"的说法。因此，有人说语文是一门"人学"，这就要求教师必须做到眼中有"文"，心中有"人"。

一个澳大利亚物理教师任教30年，在他退休时，有人问他任教30年有何体会，如何当教师的？他讲："第一个10年我是在教物理；第二个10年我是在教学生探索；第三个10年是学生在探索时，我在一旁给他们提供帮助。"

这就是教师精神。教师由教学生知识到教学生运用这些知识去探索他们未知的实践，再到教师站在后台去帮助学生，这就是优秀教师成长的三层境界。作为一名教师，就是要完成从教书到教学的转化，从以教师为主体的传输知识到以学生为主体的启发学生自学的转化，从事务型到研究型教师的转化。

　　教学与教书是不同的两个概念，但是我们通常却把它们给混淆在一起。所谓教书指的是教教材，出发点是传授知识，强调把书本知识传递给学生，是以知识为本位的。而教学就是用教材教，注重的是知识传输中能力的培养。如果说教教材是教学基本功的话，那么用教材教则是教师的高超技能了。如果一个教师不仅能用教材而且还不受教材限制的话，那么一般来讲他更容易成为一个名师。

　　教师在教育教学中面临着按照教材的思想组织教学还是按照教材编写的顺序组织教学的问题，同时还面临着是否可以超越教材，怎样利用教材以外的知识和其他教学资源等问题。作为一个有现代教育理念的教师，在教育创新上不能一味地死守书本知识，不能简单地考虑教材顺序上的变化，不能按照一个固定的教学模式来应付不同的教学内容、不同的学生群体。教师应该先钻进教材里，再站在教材上，从更大的范围与视角来看待课堂教学。

　　美国教育家约翰·杜威在《我的教育信条》中批评了那种消极对待儿童的旧的教育。杜威指出："兴趣是生长中能力的信号和象征，兴趣显示着最初出现的能力。因此，经常细心观察儿童的兴趣，对于教育者是最重要的。""这些兴趣不应予以放任，也不应予以压抑。"不能"以任性和好奇代替了真正的兴趣"。对待学生的兴趣，教师应该积极地因势利导，不能对学生的那些毫无道理和可能甚至对学校教育教学产生负面影响的所谓"兴趣"不加干涉，任其发展。

　　对于学生的兴趣培养，要注意帮助他们拓展兴趣面，使他们获取更多的书本和课外知识。在此基础上，引导他们根据自己的实际能力确定一个兴趣的中心，再围绕这个中心去强化研究的深度，并在研究中培养他们持之以恒的科学态度与习惯。当然，选择有意义、有成效、适合学生的学习内容是激发学生学习兴趣的关键。

　　教师应该使课堂教学成为体现学生积极思维与主动实践的过程。江苏洋思中学"先学后教，当堂训练"就体现了引导学生自主学习的教学模式。要做到这一点，教师首先要从原有的那种以教师主导课堂教学的教育观中解脱出来，将课堂的主人翁地位还给学生。只有解决了教育的观念问题，才能在先进的教育理念指导下，去寻找那种符合教育教学规律、促进学生身心健康成长、提高课堂教学质量的有效途径，才能使课堂教学效益与效能最大化成为可能。

教师信赖对学生所产生的力量往往是巨大的。

新加坡总理吴作栋小时候天资聪明，但有一些不良习惯，令许多教过他的老师头疼。他也由于经常受到老师和同学的冷眼，开始自暴自弃，就在这时换了一位新班主任。有一天，班主任让他把一个鼓鼓的包送到指定的地方，他欣然答应。途中他抵不住好奇心，悄悄地打开包，原来包里装着整叠的钞票。他想不到老师竟然对自己这么信任，从此改掉了这个坏习惯。

教学需要教育智慧。

德国教育家赫尔巴特说："你究竟是一名优秀的教育者，还是拙劣的教育者，这个问题非常简单。你是否发展了一种机智感？"他认为，机智介乎于理论和实践之间；在日常生活里我们"做瞬间判断和迅速决定"的过程中，机智自然地展示出来；机智是一种行为方式，"首先依赖于人的情感或敏感性，仅仅从遥远的意义上依赖于由理论和信念形成的判断；机智对情境的独特性非常敏感；机智是实践的直接统治者"。教育智慧是教育机智形成的基础，教育机智是教育智慧外在的表现。

有了"真情"，有了一种"精神与境界"，有了"教育智慧"，我们的课堂气氛一定会活跃起来。

吸引：提升你的品质与魅力

有一位教师，每次给学生上课，课堂总是欢声笑语，而且他带的每个班，平均成绩总是名列前茅，有些人向他请教"秘诀"，他总是淡淡地说："还是那句熟得不能再熟的话'亲其师方能信其道'。要说秘诀那就只有一个：让学生喜欢你。

这位教师的话是值得相信的，只有互相喜欢，双方之间关系才会融洽，才会有欢声笑语。所以，要想让课堂充满活力，在教师喜欢学生的同时，也要让学生喜欢你亲近教师。

学生会喜欢什么样的老师呢？

一位班主任在他的学生中做了"我喜爱怎样的班主任"的调查。

学生甲：在我接触的班主任中，有一位给我留下的印象最深。他有一种使人着迷的力量，平时见到学生总是微笑，使人感到亲切而真诚。但是，当他严厉的时候，我们都很畏惧，然而他说出的话句句在理、字字铿锵，让人信服。

学生乙：总的来说，我喜欢有个性的年轻班主任，他们热情、坚定、爽直、干练、风趣，适合我们年轻人的口味。

学生丙：学生会思考，教师更应该会思考。教师要引导学生自己去思考，自己得出结论。教师对学生提出的问题不能回避，否则将失去在学生中的威信。

再让我们看另一份调查结果，学生喜爱的班主任具有如下能力：

1. 真心实意关心爱护学生，体贴、理解学生。
2. 平等地对待学生，每天用微笑面对学生。
3. 能督促学生抓紧时间。
4. 经常给学生鼓励，不打击、不训斥学生。
5. 不说套话，布置工作有重点。
6. 善于发现学生的心理变化，给予学生心理指导。
7. 能把学生的意见向学校领导反映。

8. 能融入学生之中，有号召力、凝聚力，能带动班级气氛。

9. 能如实公布班级的每一次进步和退步。

10. 博学多才、幽默、性格好、易相处。

11. 经常对学生进行方法指导，减轻学生的学习负担。

12. 经常开展有利于发挥学生才能的活动。

13. 教会学生具体的做法，而不是一味地讲道理。

14. 经常与学生聊一聊社会动态方面的信息，开阔学生的视野。

15. 不拿扣分数来约束学生。

　　我们总结一下，学生所喜欢的班主任（当然也包括其他教师）是拥有广博知识和多种魅力的导师。使学生着迷的力量源自什么？源自教师的崇高理想和对事业的无比热爱，它渗透在教师的举止言谈中，每一个学生随时随地都能感受得到。教师必须具有一定的文化知识和较高的专业知识素养，要努力学习自然科学、社会科学、艺术学、心理学等方面的知识。教师的教学水平高，课讲得好，这能使他在班上的威信提高很多倍。还有，优秀的教师必须具有培养学生成为创造型、发展型人才的能力。

　　一个教师要想打造有生命力的课堂，要想在事业上取得成功，就必须获得学生的认同和喜爱，而这些都需要教师不断地提升个人品质和个人魅力来实现。心理学家告诉我们，几乎所有学生都有模仿教师行为的倾向，对班主任言行的仿效显得尤为突出。强烈的模仿心理使他们常常自觉或不自觉地把教师的人格形象作为完善自己心理结构的参照系数和人生旅途的导向标。因此，教育家乌申斯基总结道："在教育中，一切都应以教育者的人格为基础，因为只有人格才能影响人格。"

一、提升教师的情感魅力

　　爱是教育的先决条件，充满爱心是教师与学生交流的润滑剂。没有爱就没有教育。因为教师工作特别是班主任工作是一项非常烦琐的工作，工作对象是一个个鲜活的、独特的生命。而这些生命又来自不同的家庭，生活在不同的环境里，思想、行为相差甚大。如何将他们聚拢在一起，并形成一个健康、积极向上的群体，这是一件非常不容易的事。没有对这份工作的热爱，没有对学生的爱，一定会产生消极情绪，最终导致与学生的隔阂、冲突。

优秀的教师则永远保持一份爱心，无怨无悔、全心全意，他用爱滋润着自己，也滋润着他人，在他身上，能看到慈爱、宽厚、清纯的光辉，让学生不知不觉地聚在他身边，聆听着他的教诲，春风化雨，润物无声。多么美好的画面，多么理想的境界。

然而，教师对学生的爱仅仅是慈爱、善良的播种吗？仅有这样的情感，就能获得学生的尊敬吗？赞可夫说："不能把老师对学生的爱，仅仅想为用慈爱的、关注的态度对待他们。"他的话句句在理，字字铿锵，让人信服。所以，在这高尚的师爱中，爱应是公平的，是深刻的，是艺术的。

爱是广博的。我们要耐心地去寻找学生身上的闪光点，去积极地鼓励、暗示、肯定学生，教师的关爱一旦被接受，一定会产生意想不到的奇迹。所以，爱要是广博的，是施与班上每一个学生的，爱还应该是理性而深刻的。高尔基说过："爱孩子，那是连母鸡都会做的事，如何教育孩子，则是一件大事。""所谓真爱，就是把孩子当成真正的人，尊重其人格，满足其需要，引导其发展，而不求利欲之利。也就是说，这是一种纯粹的爱，科学的爱，理智的爱。"持有这种理念的爱，则能对学生产生更深远的影响。它体现着教师更深刻的教育思想：不止关注学生的智力，更关注学生的情感；不止关注学生的身体健康，更关注其灵魂；不止关注学生的学习成绩，更关注学生的发展与创造。

爱还是一种艺术。教育和教学的技巧和艺术就在于要使每一个儿童的力量可以发挥出来，使他享受到脑力劳动中成功的乐趣。艺术的爱更可以激发我们的教育智慧，同时培养更为智慧的学生。

比如，在课堂交流中，我们通过两位老师对待同一件事的语言来讨论一下教育的效果。

一个孩子打断了老师的讲话。

A老师：我希望把话说完。

B老师：你很没有礼貌，你在打岔。

老师在布置作业的时候，两个男孩小声说话。

A 老师：我现在正在布置作业，你们应该记下来。

B 老师：除了说话，你们就没有其他更好的事情可做吗？为什么不把我布置的作业写下来？

一个男孩没有举手或者不等轮到他就抢着回答了问题。

A 老师：我希望听到更多学生的回答。

B 老师：谁允许你说话了？班上不是只有你一个人。不要打断大家的讨论，这是粗鲁而且不公平的。

星期一早晨，教室里非常乱，学生们四处走动，大声喧哗。

A 老师：我要开始上课了。

B 老师：别闹了！所有的人都坐下。周末已经结束了，这里可不是迪斯科舞厅。

从两位教师的表达中，我们比较一下，谁的表达更容易被学生接受呢？谁的表达能更好地避免冲突呢？谁的表达更有利于调节课堂气氛呢？

答案显而易见。其实教师都知道学生需要理解和接纳，但很少有人知道如何在实际工作中传达这种理解和接纳。A 教师只陈述了他的感觉与期望，并使用"我"字开头的句子，这其中没有传达出批评的语言。B 教师所使用的都是批评性语言、指责性语言，并且都是用"你"字开头的句子，将学生推向了对立面。批评性语言会导致学生产生反抗心理，非批评性语言可以赢得学生的积极配合。

一个学生缺课一周以后再回到班里时，A 教师说："欢迎你回来，我们都很想念你。"这个学生非常高兴，课堂表现很好。B 教师却说："怪不得上星期教室里这么安静呢，原来你没有来啊。"这节课这个孩子竭尽所能调皮捣蛋。这就是教师对学生说话的艺术。

二、提升教师的专业能力

如果一个教师在工作上、知识上表现得平庸与无能，那么不管他如何体贴关心学生，都不能赢得学生真正的尊敬，当然也很难打造出生动有趣的课堂。越是高年级的学生，对教师知识水平的期望越高。教师的文化素质越高，在学生中的威信越高。

所以，一个优秀的教师一定要在所教的课程上下狠功夫，要求精求深，对专业知识不仅要知其然而且更知其所以然；还要求博求广，具有相关学科的知识；还要不断地探求教育艺术；不仅博学多知，还要拥有演说家的口才、艺术家的风采，用良好的教学艺术赢得学生的信任，展现教师的魅力。

新的时代，我们所面临的教育改革，所面临的信息化的挑战，所面临的求知欲望强烈的对象，是动力更是压力，这一切都向教师提出了更高、更新的要求。

三、师德高尚，提升教师的品质

优秀的教师在学生心目中就是高尚人格的化身。教师要把学生培养成什么样的人，自己就该是什么样的人。我们每位教师，都不是教育思想的抽象体现者，而是活生生的个体，它不仅帮助学生认识事情，而且帮助学生认识自己本身。这里起决定作用的是学生从我们身上看到的是什么样的人。

以身作则，为人师表，绝不是老生常谈，而是一定要谨记在心，时刻提醒自己的行为规范，身教永远胜于言教。拥有高尚的师德，永远是教师心中的标杆。

一个师德高尚的教师，首先表现出对教育这一事业的忠诚与热爱，对工作的热忱，爱生如子，甘为人梯。其次还要讲奉献，不求索取，安贫乐教。教师应该是奉公守法、遵守社会公德的公民典范，还应是团结协作、诚实谦虚的榜样，一个乐学上进、永不满足的探求者，更应是充满自信、富有勇气的先行者。

四、意志坚强，情绪稳定，提升教师的心理素质

曾经有位教师在面对学生青春期的逆反心理时，感到无能为力，万分焦虑。

后来他去进修教育心理学的课程，教授讲解说，每个人的一生在不同时期都会出现逆反情绪，通过很好的疏导，会顺利度过。比如：三四岁为幼儿逆反期，表现为不再乖顺，挣脱大人的牵引，尝试去做大人禁止的事，不如意就大哭大闹；三四年级是儿童逆反期；初二前后是少年逆反期；高二阶段属于青春逆反期；当然还有中年逆反期——更年期和老年逆反期——老小孩的征象。每一个逆反期，人们都会有一个假想敌，有意无意地去挑战，并且在这种挑战中，试探虚实，采用各种手段达到目的。但是这个时期不会太长，一年上下。如果掌握这样的规律，将其视为一种成长的过程，就会镇定、从容很多，就会有耐心，就会以另一种心态接受它，进而去引导、疏通、包容，从而使其顺利过渡。经过这样一次成长，学生会在智力上有所提高，情感上有所成熟，人生跨入一个新的高度。如果过渡不好，被压制、被扼杀，这种逆反就很可能延长，成为其性格的主导，或者在他下一个逆反期会出现更激烈的反映。

这样的心理学知识，让这位教师情绪稳定了，心理焦虑减轻了，他开始更理解学生，更理性地判断学生的行为，更耐心地讲道理，还能很有效地指导家长，减少他们的冲突。学生从这位教师的稳定情绪中获得了一种安全感，他们会逐渐调整自己的情绪，或者通过其他方式舒缓压力，排解焦虑。比如唱歌、打球、旅游、读书，甚至吃些甜食，都是很有效的方法。所以，科学是一种强大的力量。加强理论学习，树立科学的教育观，是提升良好心理素养的先决条件。

事业成就感能使人获得心理上的极大满足，并使人发现自身的价值，所以人们都不断追求事业的成功。自信乐观的态度是帮助我们追求事业成功的驱动力。一个充满自信的人，事业往往一帆风顺。因为自信建立在实力的基础上，所以掌握更多的知识和多方位地学习教师的工作经验和技巧，才能有更强的自信。

自我激励也是提升心理素养的好办法。自我激励会给自己积极的心理暗示，它能促使教师不断进取，不怕失败，坚持不懈，拥有乐观的态度；又会使教师对生活充满期望，让教师感到未来无限美好，让自己能够充满活力与激情，这样的情绪也会感染和培养乐观积极的学生。

坚韧、执着的信念是最强大的心理支撑，教师尤其是班主任工作的烦琐和困难是大多数人无法想象的。我们每一个教师都知道，教育不是一劳永逸的事，不可能一蹴而就。一个班级的良好学风需要较长的时间才能形成，后进生的转化需要反复、多次的教育才能实现。所以，教师只有培养自己坚韧顽强的意志和信念，才能调整好自己的情绪，进而积极地投入教学工作。

在人生和事业的追求中，良好的人际关系是我们心灵的源泉。我们要用稳定的情绪、宽广的心胸去对待他人，赢得他人的尊重。建立良好的人际关系能帮助我们克服这些困难，使生活和工作更加愉快。所以，遇到不顺心的时候，教师要努力调整自己的情绪，让自己平静下来，不能将这种情绪带到班集体中去，更不能借故向学生发泄。当教师与学生产生矛盾冲突时，首先告诉自己要冷静，明确自己的责任与身份，转移注意力，冷静下来再处理，这样才能化解矛盾，处理好问题。

良好的心理素养还包括不断反省、总结得失、完善自我的能力。优秀的教师会常常为自己做心理鉴定，善于剖析自己，对自己的认识、情感、意志、个性等有清楚的认知。只有了解自己，不断反思自己，才能使自己逐渐成熟，才能使教学工作逐渐完善。

五、发展个人特长，为教师的人格魅力加分

教师应该成为学生崇拜的偶像。特别是青年班主任身上所特有的热情、干练、风趣、独特就是其独有的魅力，能够受到学生的喜爱。除了教育教学受到学生认可外，如果还能弹一手好琴，唱一首好歌，写一手好字，画一幅好画，或者能打篮球、踢足球等等，学生一定更加佩服、尊重、崇拜这位教师。教师的魅力会更加吸引学生，从而建立更加和谐的师生关系。

现在，社会上有很多进修学校和艺术班，教师可以利用假期或课余

时间去学习，学一些乐器的演奏，或者舞蹈、唱歌、书法、绘画等等。不仅丰富自己的业余生活，提高自己的生活品位，同时通过这些特长拉近与学生的距离，提升自身的魅力，一举多得，何乐而不为呢？

　　总之，提升教师的品质与魅力，让学生喜欢、尊敬、支持、配合自己，这既是教师事业成功的基础与前提，也是营造生动有趣课堂气氛的基础与前提。

进退：课堂教学之道

　　教师擅长学科知识，对学生而言可能是幸事，但也可能是极其不幸之事。教师掌握足够多的学科知识，并不代表其能成为一位优秀的教师。如果教师用自己的学科知识帮助学生掌握学科知识，这位教师表现出来的是教育智慧，而不是演员的荣耀，这是他的学生最大的幸运；如果这位教师用自己的学科知识去证明自己的学科价值，这位教师表现出来的则是演员的智慧，而不是教育者的荣耀，这是他的学生最大的不幸。

　　学科教师往往比学生掌握更多的学科知识。学科教师都是从相应学科的大学院系毕业，或者个人对所教学科有独到的见解。今天学校的数学教师往往是数学系毕业的，英语教师往往是英语系毕业的，与从来没有接触过该门学科知识的学生相比，这种知识上的差异是必然的。可是，对教师本人来说，自然学科知识越多越好，但对学生的学习来说，这多出来的学科知识究竟是幸还是不幸，很难得出定论。

　　在某省级重点高中听了一堂数学课，这位数学教师毕业于某重点大学数学系，讲解起数学题目来滔滔不绝。在短短二十分钟内，分别用三种方法讲解了一道高考数学难题，讲完之后很谦和地问了学生一句："你们都听懂了吗？"但在他的谦和之中仍然掩盖不了对自己解题能力的"自负"之情。当我悄悄地问身旁的同学是否听懂时，同学很是幽默地回答道："每种方法我都听懂了三分之一。"我想，如果这位同学在考场遇上了这道题，他肯定无法像他老师这样自信。记得我在一次考试结束之后，就曾受到一位教师的责备，说他至少在上课时用三种方法解答过这道题，为什么我一种也没有掌握。原来我也只是掌握了每种方法的三分之一，但这并不足以让我得出这道题的正确答案。

　　有一位高中化学老师，他只是"文化大革命"前的高中生，甚至高中是否毕业我们也无从知晓。这位教师对自己的教学能力信心十足，但对于学科知识的信心并不是很强。每次上课讲完书上的例题和解题方法，他就问我们是否还有更简单的解题方法。最先我们还以为他在卖"关子"，可慢慢就发现他还真是"黔驴技穷"了。于是，同学们为了证明自己比老师更有学问，当然也是为了证明自己比其他同学更聪明，就通过各种途径来探寻解题方法。尽管老师没有为我们提供三种以上的解题方法，但我们却真正地掌握了一种属于自己的解题方法；哪怕我们真的很笨，但至少我们掌握了教师在课堂讲解的那种"最笨的"方法。正是这位看起来最笨的教师，在学科知识方面最没有炫耀资本的教师，却让我们深深地喜欢上了化学，让我们学会了去思考化学，自然应付化学考试的能力也就形成了。

课堂就是一个人生的大舞台，但这个舞台上只能有一位主人公，要么是教师，要么是学生。如果教师做这个舞台上的主人公，那么学生就必须成为配角或者观众；如果学生做这个舞台上的主人公，那么教师就成为配角或者观众。如果以学科知识的多与少来论英雄，那教师是当之无愧的主人公，可问题在于教师是否应该做这个主人公？

教学究竟是偏"教"还是偏"学"，这就代表着两种教学理念。如果认为教学偏"教"而轻"学"，那么教师自然成为课堂中的主人公，并要求学生的学习要服从于教师的教学；如果认为教学偏"学"而轻"教"，那么学生就自然成为课堂中的主人公，教师的教学只是服务于学生的学习而已，因此教师的价值并不在于自我学科知识的丰富程度，而在于教师帮助学生掌握学科知识的程度。在理论上，大家都认可后者，即教学偏"学"而轻"教"，因为学生的主体地位是教师无法替代的，至少高考与中考的考场总是学生面临的。但在日常教育生活中，教师经常不自觉地按照前者行事，即教学偏"教"而轻"学"。道理很简单，如果将教学定位为偏"教"而轻"学"，那么教学工作就更容易表现自己的学科价值，从事教学工作的教师也更容易体现个人价值。当教师在课堂上展现个人才华时，这时的教师无疑是幸福的，问题在于教师应该追求什么样的幸福，是一位教育者的幸福还是一位演员的幸福？

演员的幸福在于自己能够做到别人做不到的，教育者的幸福在于自己能够教会别人做到自己能够做到的，甚至能够帮助别人做到自己所不能做到的。魏书生老师的成功并不在于他拥有高于他人的语文水平，而是他拥有教会学生学习语文的能力，甚至有让学生超过自己语文水平的能力。教师要追求演员的幸福是容易的，因为教师天然地拥有几十甚至上百个观众，但演员的幸福并不能取代教育者的幸福，当教师把自己当作演员的时候，教师离学生就越来越远了，学生的学习离教师的教学也就越来越远了。

既然课堂中只允许有一位主人公，那教师就必然面对"进"与"退"的选择。如果我们只是论述课堂这个舞台，那教师的"退"就成为一种必然，甚至可以说，只有有了教师"退"出来的空间，才有学生"前进"的空间。如果教师利用自己学科知识优势而占据这个空间，那学生永远都只能仰视自己的老师，将教师当作一名自己无法企及的演员，从而让自己在学习这条路上不思"进"取。这听起来只是讲些日常道理，可在课堂教学中却表现得实实在在。当教师在课堂中总是急于将备课内容讲完时，当教师在课堂中总是急于将自己精妙的解题方法演绎出来时，教师就成为了这堂课的主人，学生只是欣赏教师的观众。当下课铃响时，这堂课也就"曲终人散"了。当教师在课堂教学中为学生让出一条路的时候，冲锋陷阵的是学生，摇旗呐喊的是教师，最后的胜利者是学生，同时也造就了教师的成功。

虽然我主张教师在课堂教学中应该"退"出来，但并不等同于我认为教师应该在课堂教学表现得"无能"。教师在课堂教学中的"进退之道"的前提是教师要在课堂教学中给自己一个非常明确的定位，然后根据自己的定位，在课堂教学中既要"有所为"也要"有所不为"。"有所为"的地方就是自己应该"进"的地方，"有所不为"的地方就是自己应该"退"的地方。在"有所为"的地方"退"了叫"缺位"，在"有所不为"的地方"进"了叫"越位"。教师在课堂教学中的"缺位"与"越位"，不但会影响到教师个人的专业价值，还会影响到教师对学生的塑造。当教师在课堂教学中"越位"时，就会让自己的学生在应该"进位"的地方表现为"缺位"，比如当教师在课堂教学中表演时，学生就会缺少在课堂中的自主参与，课堂就会少了些生动和趣味；当教师在课堂教学中"缺位"时，就会让自己的学生在应该"退位"的地方表现为"越位"，比如当教师对学生的引导与规范不到位时，学生就会表现得格外调皮，课堂就容易被扰乱。

　　总之，教师只有明白进退之道，明确自己的定位，课堂教学才能更加和谐有序。

管理：宽严有度

课堂能否生动有趣，与教师的课堂管理密不可分。

课堂管理是实现教育目的、确保教学质量的重要手段，关系着学生学习的质量、效率的高低和学校教育教学成果的好坏。在我们的课堂管理中，有人"严"字当头，管理严格，要求学生在课堂上规规矩矩、专心致志，必须按教师说的去做；有人"放"在首位，管理松散，允许学生上课随便做什么，只要不影响教师的正常教学秩序、不妨碍他人的学习、不影响课堂纪律……显然，不同的管理产生不同的结果。

教师在课堂管理中，要准确把握好自己的严格与宽松之度。要打破传统管理局面，使自己的课堂既生动有趣，又能在教学上收到良好的效果。这就需要改变管理方法，要使学生不因自己管理的宽严过度走向一个极端。宽严有度会使课堂气氛活跃，教师教得舒畅，学生学得快乐。

课堂管理的目的也是为了学生的学习创造宽松和谐的气氛和环境，是为学生自我驾驭开发潜能服务的，课堂管理应该是双方共同参与，课堂管理具有强烈的民主性。如果教师在课堂管理方面做到宽严有度，广泛尊重学生，听取学生意见，彻底打破传统的课堂管理中教师"一统天下"的局面，那么何愁课堂管理不科学？何愁课堂不生动有趣？

"爱必严，严即爱"，严并不等于简单的看、管、卡、压，它是管理经验的沉积，是管理艺术的结晶，更是爱的具体表现。学生"亲其师"才能"信其道"，对学生严中有爱，严中有度，严中有循循善诱，符合学生身心和谐发展规律的严格，才能让学生接受、认可并遵循。如果过于严格，反而会给学生心理上、行为上、情感上造成一定的压力，使他们欲行则难，行中有怨。"师道尊严"这个"力度"的把握，应该成为新时期教师的一种必备的能力。

让我们来看一位教师写的教育案例。

四川成都武侯祠，有云南剑川人赵藩于1902年题的一副对联：能攻心则反倒自消，从古知兵非好战；不审势即宽严皆误，后来治蜀要深思。对联既赞扬了诸葛亮执法严谨、审时度势、实事求是、宽严结合的施政方针，也针砭了作者所处时代四川的时政。我认为，作为一名光荣的人民教师，在向学生施教时，也宜借鉴这副对联，把握好"宽"与"严"的度。太宽，易流于空泛，导致放任自流；过严，则束缚学生的个性发展，走进死胡同。宽严有度，才能使工作大有起色，但是在实际工作中，要真正把握好这个"度"，却并非易事。我初出茅庐、刚登讲台时，信奉"严师出高徒"，因而时时处处对学生严格要求，几乎达到了苛刻的程度。虽然我严以律己，作出行为表率，但终究收效甚微。纪律、行为规范还容易收到良好效果，学习成绩距离期望值就较远了，欲速则不达，尝尽了拔苗助长的苦头。经过深入反省，总结经验教训，我明白了，对某些学生，要他们完全掌握教材知识，确实是困难的，于是我把学生分类，区别对待。对学习好的学生，仍然从高从严要求；对学习较差的学生，降低要求，这样一来，反而师生都轻松了。降低了要求的学生，他们也体验到取得成绩的快乐，享受到老师表扬的喜悦，因而学习更用功了，成绩自然有了提高。

即使课堂纪律，也宜宽严有度地把握。不严，难以组织教学，但是如果学生整堂课都处于高度紧张状态，收效一定不会好。曾经有一次在课堂上，一个男生举手，我问什么事，他答要去上厕所，本来我们有规定，上课时不准去大小便，但我考虑到，他刚才很遵守纪律，看他的表情，似实情，我批准了，下课后，他主动问了我上厕所期间没听到的内容。以后的课，我特别留意这个学生，发现他非常专注，且笔记十分认真，课外他对我也礼貌周全。所以，对学生，在可能的情况下何不宽容一点儿呢？宽后，他自己会严的。当然，学生出了错，我们作为教师的，仍然要给予教育，使他改正，我们在引导其改正错误时，应从严要求，从宽处理，这样学生才会口服心服。

宽严有度，一定能使你成为一个受学生敬重的教师。

通过这个案例可以看出：案例中的教师在实际教学中，摸索出了课堂管理的"宽"与"严"的度。

如何有效把握课堂的宽与严，这位教师给了我们很好的启示。严于律己，对学生要求近于苛刻，很容易造成师生间的矛盾，学生体会不到教师的用心良苦，教师觉察不出学生的想法，造成物极必反的局面，但充分给予学生发展个性的空间，也会造成难以管理的局面。

　　案例中这位教师的课堂从不让学生处于高度紧张的状态。通过这个实例，我们知道只有广泛尊重学生，听取学生意见，给学生的学习创造宽松和谐的环境，这样教师、学生的教和学才能一张一弛，达到事半功倍的效果。

　　一个好的教师只有做到严中有爱、严中有度，才能使学生在生动有趣的课堂中汲取到成长所需的营养物质。

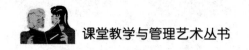

人本：正视学生的课堂要求

新课程提倡的课堂教学是师生交流持续发展的过程。教师必须尊重学生的人格，关注学生的个体差异，学生是学习的主体，要充分发挥学生的主体性，创设能引导学生主动参与的教育情景，促进学生能动性的发展。同时，加强师生间、学生间动态的信息交流，这种信息包括知识信息、情感、态度、需要、兴趣、价值观等方面的信息，以及生活经验、行为规范的信息等，通过这种广泛的信息交流实现师生互动、相互沟通、相互影响、相互补充，从而达到共享、共识、共进。

传统教学过分强调预设和封闭，从而使课堂教学变得机械、沉闷和格式化，缺乏生气和乐趣，缺乏对智慧的挑战和对好奇心的刺激，使师生的生命力在课堂中得不到充分发挥。课堂教学应被看作师生人生中一段重要的经历，是生命有意义的构成部分。对于学生而言，课堂教学是其学校生活的最基本构成部分，它的质量直接影响学生当前及今后多方面的发展和成长；对于教师而言，课堂教学是其职业生活最基本的构成部分，它的质量直接影响教师对职业的感受、态度和专业水平的发展、生命价值的体现。总之，课堂教学对于参与者具有个体生命价值。

每位教师都要意识到这一点：课堂教学对他们而言，不只是为学生的成长所付出，不只是别人交付任务的完成，它同时也是自己价值的体现和自身发展的组成。每一位热爱学生和自己生命、生活的教师，都不应轻视作为生命实践组成的课堂教学，由此激起自觉上好每一堂课，使每一堂课都能得到生命满足的愿望，积极地投入教学改革中去。

我们来看下面这个案例。

自诩连续七年教六年级数学的我闭着眼也能将书从头教到尾，自诩在学校教书水平还可以，好多家长愿意将孩子送到我的门下，没想到这次我却"栽"在一个学生身上。

那是六年级一堂分数乘法计算新授课，课堂上我按部就班地带领学生探究计算法则。此时只见陈曦眼睛发呆，再看还有几名同学东倒西歪，像在听实际并没有听。陈曦是某教师的孩子，听前任教师说他对感兴趣的课才会认真听，我得管管他。

"陈曦，你在干什么？"我大声喝道。

他摇摇晃晃地站起来，一脸的不在乎。

"上课不能开小差，不然成绩会下降的。"我苦口婆心地说。

他脸通红说："我不是开小差，您讲的东西我早就会了，我不想听。"

从来没有学生敢当面这样评价我的课堂教学，我不禁怒火中烧，但考虑到自己的教学任务还没有完成，于是我深深地吸了一口气，竭力恢复自己内心的平静。

"你会了，也要仔细听！"接着我继续教学，学生的听课状态比刚才好多了，但我心中却多了一个疙瘩。

下课时我问学生："今天这节课，还有哪些同学早就会了？"我鼓励学生实事求是地举手，在犹豫中举起几只小手，基本上是成绩好的学生。

"你们对今后数学课有什么建议和要求吗？"我面露坦诚地说道。陆陆续续有几个同学发表自己的看法：

"老师要把课上得有趣一点儿，要能引人入胜。

老师不要说与数学课无关的话。

有些不用您讲我们就会的知识，可以不讲，最好上得精彩一点，要不然让人觉得没意思。"

……

课后我陷入了反思，学生的要求是合情合理的，如果再沿袭传统的上课方法，不就是"穿新鞋，走旧路"吗？

以后的教学中，我课前努力钻研教材，新授课努力创设各种情境，特别是日常生活情境，引领学生寻找知识的生活原型；复习课开展各种活动，如比赛，学生的热情高涨，班级成绩遥遥领先。现在这批学生已临近毕业，留给我的是许多值得回味的课例。例如："倒数的认识"从中国汉字引入；"按比例分配"从班上徐冶和万春景曾合伙买过一个烧饼说起；"圆的认识"从投球比赛论起；"平面圆形的周长和面积"以一个情景解决若干实际问题……这些生动的课例为我开展教学研究积累了一定的材料。

"以学生为主体"是新课程的基本理念，我们面对的学生正处在求新求变的阶段，渴求丰富多彩，欣赏标新立异，不愿意迎合他人、逆来顺受。

因此，我们要认识他们，了解他们的需求，尊重他们的兴趣，才能使我们的教育教学深入学生的心灵，更有针对性。

本案例给我们的启示如下：

（1）构建新型的课堂教学观。教学不是消极地完成教学任务，而是从学生实际出发，为了使学生学得更好，改变自己"自觉或不自觉的沿袭""精心设计、滴水不漏"的教学模式，不为完成教学任务所困，做到心中有学生，真正为了学生的发展而教。

（2）构建新型的课程观。教师不应只是照本宣科，而要积极挖掘教材的思想价值，综合学生的知识背景、生活经验，进行教材的"二次开发"。同时，积极寻找生活课程资源，引领学生进行积极的体验和知识的应用，使学生学得成功。

（3）构建新型的学生发展观。不能将一个固定的目标加在每一个学生头上，要充分尊重个体，努力体现主体发展过程中的人文主义思想。"教者，长其善而救其失也"（《学记》），要做到这一点，必须要有良好的职业悟性和学术素养。

总之，只有正视学生的要求，真正做到"以学生为主体"，我们的课堂才能富有活力。

生动：让学生"活起来""动起来"

如何才能让课堂生动？不同的教师有不同的做法。下面这位老师的做法值得我们借鉴。

一位美国小学教师来我国访问。一天，他向一所小学的校长提出由他来上一堂课。这可难住了这位校长：这位美国教师一句汉语都不会说，我们的学生一句英语也听不懂，如何交流？这位美国教师表示不需要说话，也不需要翻译。于是，课便开始了。

教师走进教室后，示意同学们先离开教室，然后每四个同学为一组，每组放了一个蜗牛、一盘牛肉、一盘粮食、一盘蔬菜和青草、一杯带盖的热水、一杯带盖的凉水。做好准备后，他示意同学们进来。同学们走进教室，惊喜地发现桌上的东西和讲台上站着的外国教师。他示意同学们安静下来，然后做示范：先把蜗牛放在热水杯的盖子上，蜗牛爬来爬去，烦躁不安。再把蜗牛放在凉水杯的盖子上，蜗牛一动不动，静静地趴着。不用说话，同学们已经知道了蜗牛在温度过高的环境下是无法生存的，它需要一个适当的温度。然后，把蜗牛放在有肉的盘子里，蜗牛不吃。放在有粮食的盘子里，蜗牛也不吃。放在有蔬菜和青草的盘子里，蜗牛慢慢地小心地吃了起来。同样不用说话，同学们也已经知道了蜗牛吃的食物是蔬菜和青草。一堂课没有说一句话，同学们明白了蜗牛生存需要的温度，蜗牛所吃的食物，而且是在活泼愉快、亲自参与的活动中增长了知识。

人本主义心理学家罗杰斯把学习分为两大类：一类是无意义学习，一类是意义学习。他认为意义学习有四大要素：1.学习具有个人参与性质，即整个人（包括情感和认知两方面）都投入学习活动。2.学习是自我发起的，推动力或刺激来自外界，但寻求发现、获得、掌握和领会的感觉是来自内部的。3.学习是渗透性的，也就是说，它会使学生的行为、态度乃至个性都发生变化。4.学习是由学生自我评价的，因为学生最清楚这种学习是否满足自己的需要，是否有助于获得他想要的东西，是否明了自己原积累的学习，它是发生在"颈部以上"的学习，没有情感或个人的意义参与，与全人无关。本案例中，美国教师让学生亲身参与蜗牛生活习性的研究，就是这样一种有意义的主体实践活动。在这个活动中，教师没有传授、告诉，只是向学生们提供了教学的对象、内容和组织化条件，而学生却以整个人（包括情感和认知两个方面）都投入了学习研究的实践活动之中，寻求发现、获得、掌握和领会成了学生的自我需要，真正经历了体验和感悟的过程。

生活的课堂强调"以活动促发展"，主张让学生"活起来""动起来"，因为唯有"活起来""动起来"课堂才会生动有趣，学生才有可能产生"经验"与"顿悟"。上述案例中，学生正是亲身经历了蜗牛对冷热、对食物反应的全过程，所以不光知道了蜗牛喜欢的环境、喜吃的食物（事实性知识），而且还掌握了不尽相同的方法和策略（做事的策略性知识）。同时，由于学生所参与的这种实践活动是一种整体性投入的活动，因而这种活动的影响也是深远的，它不仅能提高学生的智慧能力，而且能使学生的行为、态度乃至个性都发生变化。

如果说学生是课堂实践活动的主体，那么教师则应该是这种实践活动的组织者，是为学生提供环境、条件、刺激的创造者，同时还应该是一个积极的鼓动者和参与者。

开放：放飞学生的思维

我们来看一个案例。

在绘图和评图的过程中学习地图

一、情境的创设

考虑到学生已有的生活经历和小学"社会"课程中已学过的地图知识，我在课前给学生们布置了任务：从"学校召开初一年级家长会，如何让家长快速准确地找到学校和班级的位置"这一实际问题切入，要求同学们绘制从家庭到学校的路线图及校园的平面图。

教室里顿时沸腾了。"我们应该立刻到校园里去转转！""两张地图要画多大尺寸呀？""我有两个家，到底画哪一条路线呢？"针对学生提出的问题，我并没有明确地回答，而是要求学生经过阅读教材、观察思考及请教老师三个步骤来解决问题。

二、充实的过程

看似熟悉的上学路线和校园，但要把它正确地画到图纸上，可并不是一件容易的事情。同学们自发地组成了小组，整整忙活了两天。有的组先找来小学《社会》和初一《地理》教材，了解地图的三要素知识；有的组拿着纸笔在校园里观察和记录着；有的组买来北京市地图，依据地图思考和绘制着自己上学的路线；有的组找老师请教校园内主要建筑和设施的图例设计形式。

同学们依据已掌握的信息，一幅幅平面图绘制完成了。收到学生们精心绘制的"作品"，办公室里传出阵阵笑声，大家议论开了："我们班学生画的地图，问题太多了，真不知道他们每天怎么找到学校的。"

三、精彩的评价

在课堂上，我选择了几名学生的平面图，投影在屏幕上，让全班学生展开讨论。

——我觉得韩乐同学的校园平面图画得很好，操场、绿地、教学楼、实验楼及食堂的位置和比例都比较合理。

——我认为图中我们初一教室画得太大了，与其他教学楼的比例不一致。

——我当时没有找到总务处的老师，所以初一教学楼的数据是估算出来的，可能不准。

——韩乐连学校洗手间的位置都标在图上了。

——韩乐的上学路线图有一个问题，沿途的医院、绿地和商店应设计一种图例表示，而不是现在图上每个单位都用文字注记表示。

——我觉得她没有标出地图的方向。

——不对，她用的是上北下南左西右东的一般方法。

——不对，她家位于宣武区的铁树斜街，应采用指向标法。

我要求每个学生根据课上的讨论重新检查并修改自己的地图。

几天后，再交上来的地图，问题明显减少了。针对他们的不足，我进行了一次测验，测验成绩说明学生已经掌握了地图三要素的知识，并具备了一定的应用能力。例如，在探究"利用指向标确定方向"时，有部分学生想出了平移指向标、旋转指向标和虚拟线路等方法，有的方法比较复杂，让老师始料未及。接着，我又留下了作业：每位同学绘制一幅由学校到自然博物馆的线路图。

案例中的教师没有照搬教材内容，而是从学生已有的知识和熟悉的生活出发，把抽象的地图知识转化为具体的生活场景图，融入了浓厚的生活气息，给枯燥的教学内容赋予了鲜活的生命，把学生的学习转化为有趣的认知和解决问题的过程。在教学中，有教师与学生的对话，还有学生之间的交流，有集体解决，也有小组讨论。强调了学生的合作探究、自主实践、交流探讨，学生通过动手、动脑、动口等多种感官参与学习。教师和学生始终处于和谐、民主、欢快而又紧张的课堂氛围之中，教师成了真正意义上的组织者、引导者、合作者，课堂教学达到了知识与能力、过程与方法、情感与态度多维目标的整合与统一。这是一堂典型的开放式的课堂教学，也是让课堂生动有趣的经典案例。

课堂教学从封闭走向开放是在三个维度上同时进行的：教师与学生的心理空间由封闭到开放、融合；教材的知识空间与学生的经验空间由封闭到开放、融合；课堂的学习空间与学生课外的生活空间由封闭到开放、融合。

一、教学内容、教学目标的开放

杜威说："教育即生活。"陶行知说："教材不过是个例子。"局限于教材内容的学习是狭隘的、封闭的，也是不利于培养学生能力的。"生活的边界就是教育的边界"，生活处处皆教育，开放课堂就要实现教学内容的开放。教师要紧密联系学生的生活实际，从学生熟悉的事物中提出问题，创设生动的教学情境，激发学生的求知欲和好奇心，使教学内容真正为学生的学习服务。我们欣喜地看到，许多学校已经开始依据课程标准的要求和学生的实际需要，结合本地的特色编写校本教材。

教学目标的开放，是指应在动态开放的过程中逐步完成和达到目标。开放的课堂不同于教师课前设计好的教学流程，它关注学生当下的生活，关注学生的处境、学习的需要与感受，关注不同学生已有的经验背景，它关注的中心不是教师预定的教学进度，而是学生真实的收获。

二、教学环境和途径的开放

教学的核心是学生的思维过程，要想发展学生的思维，就要开放课堂。封闭的教学空间、死板的教学内容、程式化的教学方式只能禁锢学生的大脑，限制学生的思维。我们要打破教师中心、教材中心、课堂中心封闭的教学模式，让学生到大自然中去、到社会中去，构建课内外联系、校内外沟通、学科间相融合的教学体系，把学生的学习融入丰富多彩的生活场景之中，让学生在轻松愉快的氛围中享受学习，让学生的大脑随教学而动，让学生的思维随想象而驰骋。从多方面给学生创造广阔的学习时空，让他们去超市调查，去图书馆收集，去田野感受，去网上查询，与各种职业人员交谈。教师不能再依赖课堂，要向社会拓展，向生活渗透，向所有蕴含着真善美的文化领域开放，使学生在解决实际问题的过程中，发展创造性思维和实践能力。

三、教学方式、方法的开放

瑞士心理学家皮亚杰主张在课堂教学中，必须重视儿童的活动，没有活动的学习是缺乏教育、教学和发展价值的。教师要发挥学生的主体性、能动性和创造性，培养学生的探索精神，不断变换教学方法，引导学生用多种方式学习、理解、思考问题。做一做、说一说、读一读、画一画、演一演，这些不同的方式更能激发学生的思维，使学生的大脑始终处于兴奋状态。教师可以让学生自主选择学习方法，为学生提供自主学习的空间。

教师要培养学生的"问题意识"，在课堂上也要提出有思考价值的、开放性的问题，给学生提供思考的空间、创造表达的机会。开放的课堂就是通过提出大量开放性的问题来培养学生的发散性思维及创新能力的。开放的课堂鼓励学生深入、开放地提出问题，尊重学生的自主权和主动性，鼓励多元思考，允许有不同的答案。学生的视角是独特的，他们对问题的理解往往不同于教师，开放课堂还表现在教师要尊重学生的独特感受。由此我想到了一个故事：语文课上，教师问学生："雪化了以后是什么？"一位同学站起来回答："雪化了以后是春天。"没想到教师一本正经地说："错了，雪化了以后是水。""雪化了以后是春天"，这是多么富有诗意的回答，而教师却用了物理学的答案否定了孩子的回答，这是多么令人遗憾的结局。传统教学中，一个问题的答案往往只有一个，而判断这个答案是否正确的只有教师，故学生的眼中只有标准答案，而丧失了自己的思想。正是因为教师固守标准答案，才限制了学生的思维，扼杀了学生的想象力。

四、师生关系的开放

开放的课堂是学生有心理安全感的课堂，这就需要建立民主、平等、和谐的师生关系，营造安全、温暖、宽松的学习氛围。教师既是学生的朋友、参谋、指导者，又是学生学习的参与者和合作伙伴，教师要善于倾听，尊重学生的自我感受，肯定学生的积极思考，要给学生多一些真诚的微笑，多一些鼓励的话语，为他们的进步喝彩，使他们更多地体验到学习的成功和快乐。在这样的课堂上，学生可以无拘无束地充分表现自己，表达自己的思想、认识和情感，不怕出错和失败，因为即使错了和失败了，教师也不会批评，同学也不会耻笑，这样学生就能积极主动地参与学习过程，就能创造性地探索和思考。在这里既有心与心的交流，又有智慧与智慧的碰撞，这里是自由想象的空间、自由表达的天地。把课堂真正还给学生，由教师主动、学生被动转变为师生互动、生生互动，这样的课堂就必然是充满生机和活力的、深受学生欢迎的、本来意义上的课堂。

亲和：赢取学生的尊重与信任

教师的亲和力，可以赢得学生的尊敬和信任，获得学生的宽容和理解。因此，某个教师可能在教学方面有所欠缺，但却能引导学生热情地学习、主动地思考，由此就能创设宽松和谐的课堂氛围，获得最大限度的教学效果。反之，如果教师自视甚高，不顾学生的感受，那就容易引起学生的逆反心理，即使自身学问再高，课讲得再好，学生也不一定爱听，最终也不一定能取得良好的教学效果。

教师的亲和力本质上是一种爱的情感，只有发自肺腑地爱学生，才能真正地亲近学生、关心学生，也才能激发学生对于真理的追求。教师亲和力的核心是民主平等的思想，只有把学生看成"真正的人"，当作自己的亲密朋友，才能容忍学生的缺点，尊重他们的表达权，才能控制自己的情绪，做到以理服人、以情动人。教师拥有较强的亲和力，才会拥有宽广的胸怀，才能够理解学生的兴趣爱好，允许学生发挥自己的特长，并真诚地帮助他们在非本学科领域里获得成功，真正成为学生信赖、敬佩的良师益友。

我们来看一个教育案例。

这是著名特级教师薛法根的《我应该感到自豪才对》的课前交流教学片断：

师：同学们认识我吗？我姓薛。仔细看看我，有些什么特点？

生：您人长得很高、很瘦。

师：高好啊！站得高，看得远嘛！

生：您的头很小。

师：头小，智慧多。

生：您的牙齿有点凸出来。

生：眼睛小小的。

生：脖子很长。

师：脖子长好啊！天鹅的脖子多长，那是高雅！（众笑）

生：您有点儿驼背。

师：这是我向骆驼学习的结果。当然，我只能成为单峰骆驼。（众大笑）

生：您的字写得很漂亮。

师：（与学生握手）谢谢你，只有你夸奖我！要不然，我真的会感到很自卑的。

……

薛老师的精彩教学片断，让我们真切地感受到了"亲和力"的独特魅力，看到了一种新型的师生关系：民主、平等、和谐。

新课程要求教师应转换自身角色，改变"教师中心"的传统教学思想，教师应从高高在上的权威者转变为学生学习的引导者和促进者，教师必须站在学生中间与学生平等对话。

这一教学片断是课前的一次对话。让学生评价教师的外貌，拉近了学生与教师的距离，学生不再"仰望"教师，敢于说出真实的感受，使学生获得自信；课堂中的阵阵笑声，说明这样的对话大大活跃了课堂气氛，提高了学生学习的积极性；薛老师对学生的回答做出了精彩的回应，为下面的教学做了很好的铺垫；与学生"握手"更是在行动上给了学生莫大的鼓励。

薛老师的"亲和力"真正实现了教师与学生之间的平行对话、平等沟通、真诚互动。这不仅仅局限于语言形式，同时也是情感与价值观的对话，使学生发自内心地尊重与信任教师，同时也促进了学生智力与人格的协调发展。

微笑：教室内最灿烂的阳光

日本有位著名的企业家叫古河。

古河是个穷孩子，小时候帮人做豆腐。他做事认真，总是尽心尽力，充满信心，所以总是把事情做得很好。不管你什么时候看到他，他都是一副信心十足、笑容满面的样子，所以主人把看他做事当成是件愉快的事。长大以后，他不再做豆腐了，被放债的人雇去催收钱款。

古河靠着他的笑容，把收款的事情做得很出色，多么难收的款他都能收回来。有一次，古河到一个借债的人那里去收钱，这笔债早就应该还了，可是借债的人硬是拖了很久。这一次，借债人一看来了个讨债的，脸色立刻由晴转阴，对古河冷若冰霜，他把古河一个人晾在那里，自己走了。晚上，直到睡觉的时候，他也没答理古河，索性关了灯，睡大觉去了，让古河一个人摸黑苦坐。古河晚饭没吃，又冷又饿，但他就是不生气，就那么静静地坐着，一直坐到天亮。第二天早晨，那个借债的人看到古河仍然坐着，脸上竟挂着笑容，没有一点儿生气的样子，着实被感动了，于是恭恭敬敬地把钱还给了古河。

古河的随和、耐心和灿烂的笑容，显示了一种心理的力量、意志的力量、信心的力量。两年后，古河买了一个废弃的铜矿，后来成为日本的矿业大王。

人们这样评论他的成功："守候着信心和笑容，一切都变得有利起来。"

也许，微笑是再简单不过的一件小事了，但它确实有着不可替代的作用。微笑在教育教学中同样是必不可少的，因为教育应该是在微笑中进行的一项事业，每一位教师都应该把自己最美丽的微笑送给学生。

微笑也是让课堂更加生动有趣的"敲门砖"。

在与学生见面时，教师始终用自信的微笑迎接学生投来的各种目光，学生读懂了教师的微笑，自然可以调节情绪、缓和气氛、增进感情。

教师的微笑不只对学生的教育有利，而且对教师自身也很有益，不仅可以调整自己的心理状态，还能培养学生健康积极的心理。

在这无言的交流中，师生间传递的是对彼此的好感和信任。所以，当教师迈步走进学生时，他们的目光早已被牢牢地吸引。教师用真诚的微笑可以顺利博得学生的青睐，营造和谐、轻松的教学氛围。总而言之，教师的微笑是课堂上需要注意的细节之一。

我们来看一个著名教育案例。

张祖庆老师是一位亲切、沉稳的优秀年轻教师，是小学语文新生代名师。他执教的《我盼春天的荠菜》一课，让所有听课的教师受到了一次语文教学的洗礼。80分钟的课堂教学，让我们看到了学生与学生、学生与教师、学生与文本在情感上的激发、碰撞、融合与升华，感受到的不仅有大江东去的气势，还欣赏到了小桥流水般的婉约。

这是张老师在上《我盼春天的荠菜》一课前的谈话片段：

师：（微笑）相信大家一定看过很多书吧？老师要考一考大家的知识是不是很丰富，肚子里装的是不是全是墨水。老师要向你们打听几个人的名字，如果大家知道，就大胆自信地举手，告诉我他的情况。好吗？

师：谁知道张飞？

生：张飞是三国时的一员猛将。

师：呵呵，希望你也成为举手的猛将。再问大家，谁知道张继？

生：是《枫桥夜泊》的作者。

生：（齐背《枫桥夜泊》）

师：老师真想继续听大家背诗，但是时间不允许，课下再找几个同学来背好吗？继续问大家，谁知道张良？

生：张良是汉朝刘邦手下的一位文臣。

生：张梁是黄巾起义的一名首领。

师：真的难不倒大家。再问，谁知道张学良（笑）？他可不是学张良的哦！

生：好像是西安事变中和杨虎城将军一起扣留蒋介石的一个名将。（台下老师笑）

师：你瞧，这学生多会说话，他用了一个"好像"——对自己的说话没有把握，就用"好像"。我注意到你已经是第二次发言了，真的是一员"猛将"啊！最后提一个问题：谁知道"张祖庆"（台上台下哄堂大笑）

生：就是您！（笑）

师：你能具体介绍一下我吗？

生：嗯（犹豫着）……不能。

师：你看着我就能了。

生：您戴着一副眼镜，身上穿着一件白衣服。（台下笑声一片）

师：这些看得见的就别再说了。一个男老师（笑），和大家一起学习的，来自浙江。欢迎我为大家上课吗？

生：欢迎！

师：那好，就让咱们进入课堂。

（师生问好）

　　张祖庆老师给人的第一印象是一位不拘小节、幽默风趣的教师，他和学生的课前谈话——向学生打听几个人，从张飞、张良、张学良到自己张祖庆，再到课文的作者张洁，不但显示了他的幽默风趣，更是表现了他的睿智和自信，令人不由赞叹。

　　课前谈话，张老师从姓"张"的名人入手，问："谁认识张飞？张继？张良？"进而问："谁认识张祖庆？"学生笑答："就是您！"又问："谁能介绍介绍我？"学生兴趣盎然。最后，张老师又问："你们知道张洁是谁吗？"生："是课文的作者。"这一环节中，张老师巧用"姓"入手，把姓张的名人、执教者、文章作者自然、幽默地连接起来，浑然中把学生引入新课，并激发了学生的兴趣，真是高超！张老师利用"向学生打听人物"这巧妙的设计既考查了学生的课外阅读，又有趣味性，使学生慢慢地成了学习的主人。

　　常言道"教师为人师表"。那教师该以一个什么样的形象出现在学生面前呢？古语说"严师出高徒。"严格要求学生，固然是必要的，但严格要求学生，这是否就等于在学生面前要板着面孔说话呢？在教学实践中，众多名师的教学实例告诉我们：一个教师在课堂教学中，应当以微笑面对学生。

　　教师微笑着面对学生，能让学生感到亲切，会给课堂教学带来愉快的气氛。每个人都会有情绪不好的时候，但教师千万不能把不好的情绪带到课堂当中。教师应微笑着走进课堂，微笑着面对学生，微笑着说"同学们好"，微笑着环视教室里的每一个学生。自然而然地，学生就会感到教师在关心他们，进而认真听教师讲课。可见，"笑"，能架起信任的桥梁，能赢得学生的欢迎，能建立起良好的师生关系，能给教学工作带来意想不到的效果。

此外，"笑"也能激发教师的教学积极性，增强自信心和责任感，使教师的教学水平得到充分发挥，使课堂达到最佳的教学效果。那么，教师为何不对学生多一点微笑呢？

微笑，是世界上最娇艳美丽的花朵；

微笑，是世界上最意境悠远的诗歌；

微笑，是世界上最动人心魄的旋律；

微笑，是教室内最灿烂的阳光。

说话：不能掌握话语的"霸权"

一天下午，初二一班语文课正在有条不紊地进行……

"我们刚才复习了小说的人物描写，知道人物描写通常分为直接描写和间接描写。所谓直接描写，是指直接刻画人物的语言、行动、外貌和心理等；所谓间接描写，是通过别人的反映或环境的描写，从侧面烘托人物。为了检验大家是否掌握，老师将一段课外的古诗朗诵给大家，请大家判断一下。"

"行者见罗敷，下担捋髭须……耕者忘其犁，锄者忘其锄，来归相怨怒，但坐观罗敷。"学生们声音洪亮地回答道："间接描写"。"很好！"我带着欣赏的目光予以表扬后话锋一转："为什么青年人也好，老年人也罢，行者也好，耕者也罢，这么多人见到罗敷以后，都不约而同地停下脚步去'观罗敷'，这说明了什么呢？"一名学生洋洋自得地说："好色。"这一下班里沸腾了，还有几个学生起哄，课堂秩序瞬间混乱起来了。说实在的，我当时很想发火，想教训教训这个学生，但是职业的理智告诉我，这个学生顺口说出"好色"二字，很可能是说者无心，听者有意。所以，与其大发雷霆，不如先冷静下来稳定课堂秩序，然后再因势利导，引导学生学会如何鉴赏文学作品，课后再解决这个问题……

短暂的停顿之后，我在黑板上写下"好色"二字，并在"好"字下加上了着重号："同学们'好'字有两种读音，第三声和第四声，如果是动词，读什么音？请组词。""动词读第四声，如爱好、喜好、好逸恶劳、好大喜功。"学生们不知我葫芦里卖的是什么药，齐声回答后课堂秩序稍稍稳定了。"如果是形容词，读什么音？请组词。"我见每名学生已经转移了注意力，步步追问。"形容词读第三声，如好坏、好人、好主意、好方法。"同学们好像忘了刚才的喧闹，非常认真地回答道。"很好！通过刚才的那段文字，那么大家能否用一个词概括罗敷的特点？""好看""美丽""漂亮""酷"……同学们争先恐后地回答起来。我连忙说："大家说得都很对，常言说，爱美之心——"

"人皆有之。"学生们异口同声且面带微笑。

我进一步指出："所以，见到美好的事物，我们都想欣赏一番，是人之常情。不难看出，刚才那段文字中的青年人、老年人、耕者、行者不约而同地停下来观看罗敷，正是因为罗敷在他们眼里太美丽了，大家都想看个仔细。下面大家试着比较一下，如果说罗敷真美呀，太美啦，美得无与伦比，美得妙不可言，等等，这样是更具体了呢，还是更抽象了呢？"同学们高兴地回答："更抽象了。""对，如果一味地说罗敷美，只能给大家留下非常模糊的印象。如果通过众人的反映来写罗敷的美，读者就会感到具体真切，而且能给大家以丰富的想象空间。"我看课堂秩序已经完全稳定了，接着又说："我们也常常听说某某是好色之徒，这'好色'是指心怀邪念的男子贪恋女色。'爱美'是对美好事物的欣赏、钦佩。两个词有本质区别。如此说来，用'好色'一词来概括刚才那些人的表现公平吗？"学生们众口一词："不公平"。这时，我有意识地瞧瞧刚才那个学生，只见他惭愧地低下了头。我最后小结："通过我们大家刚才的分析，在把握文章的人物描写中，应该注意什么和什么的结合，才能收到较好的描写效果呢？""直接描写和间接描写相结合。"学生们已经心领神会了。

这堂课十分顺利地完成了任务，而且学生掌握较好。我也很好地平息了"好色"风波。课后，我找到那个学生，他显得很惭愧，说他要让我看他以后的行动。后来，他果不食言，课上积极主动地回答教师的提问，经过不懈努力，他的成绩大有长进。

接纳学生的感受和声音，是以学生为主体的具体表现。改革后的课程为学生发展提供了广阔的空间，也为学生提供了更多的"言路"。教师面对各种回答，如何进行应对，显然是一个新问题。

学生中"别样的声音"，往往让教师措手不及。处理这类问题，很大程度上体现出教师的知识水平和应变能力。

这位教师能根据问题的实际特点因势利导，巧妙点拨，从而化被动为主动，不仅很好地完成了教学任务，调节了课堂气氛，而且取得了出人意料的教学效果。在课堂教学中遇到学生的"别样回答"，要用一种开放的心态去对待。遇到难题，先不要急着下结论，要思考问题的原因，再寻求妥善的解决方法。案例中的学生就是一个学习困难的学生，教师没有排斥他，而是接纳了他，并顺着他的思路展开了教学，就很自然地处理了学生脱口而出的问题。试想，如果该教师当时不管三七二十一，凭着自己的情感，将这名学生训斥一通，可能当时课堂秩序表面稳定了，但是他从此也许很长一段时间不会在课堂上发言，这将影响到他后来的成绩。即使学生脱口而出一些课堂上不该说的话，教师也要巧妙地引导。总之，教师不能掌握话语的"霸权"，而应学会作学生话语的聆听者，营造轻松和谐的课堂气氛，让学生在轻松快乐的环境中成长。

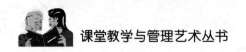

互动：构建和谐的课堂

在上课前，几分钟的师生互动将调动课堂的气氛，调整学生的状态，帮助学生在课堂上集中注意力，轻松有效地掌握本课的内容。特别是在公开课的课前交流中，互动的主体不光是授课教师和学生，还有在场所有的听课教师。学生上课时的紧张感往往不是来自授课教师，而是来自那些陌生的听课教师，所以只有全场互动起来，才能达到一种课堂的和谐统一。

课前，授课教师应带着所有学生很热情地向在场所有教师说声"老师好"，看似平常的三个字却能拉近彼此的距离，让其他教师也融入课堂之中，让课堂充满温馨之感。教师在课前交流中还应适时地让听课教师参与其中的互动环节，在这样温馨的环境下，既能够渲染气氛，更能调动学生的兴趣，使学生尽快进入最佳学习状态。

要形成师生之间的良性互动。从某种意义上讲，师生关系影响教学质量，师生关系融洽，就能促进教育质量的提高。良好的师生关系必须依靠深厚的师生情感来维系，教师对学生的关心与热爱，学生对教师的敬佩与信任，是产生师生情的源泉，也是和谐师生关系存在的基础。

我们来看一个教学案例。

2005 年初，特级教师孙建锋在浙江义乌举行的"全国新生代小语四大名师观摩讲习会"上执教《做一片美的叶子》时，巧妙的"预热"设计与整个文本无缝衔接。

主持人：……下面，就让我们擦亮眼睛，竖起耳朵，一起来感受孙建锋老师的风采！

师（走到学生面前）：可爱的学生们，你们的张张笑脸，一双双明亮的眼睛，让我感到浙江义乌的灵山秀水之美。学生们，听清楚了吗，刚才这位主持人老师介绍了，站在你们面前的这位老师叫什么名字？

生：孙——建——锋。

师：当着那么多老师的面喊一位老师的名字，你们心里没有体会吗？

生：非常激动。

生：非常高兴。

师：因为什么？

生：因为您是全国青年名师，您能为我们上课，我们很荣幸。

师：哦，你真会讲话，一番话说得我心里暖烘烘的。学生们，我想了解一下，你们除上课学习外，课余就没有什么兴趣爱好吗？

生：我喜欢英语。

生：我爱书法、画画和舞蹈。

师：你真是个全才。我听出来了，你的兴趣爱好里面有画画，（从讲台上取过一盒彩色粉笔）你看，这里有五颜六色的粉笔，你喜欢哪支就拿哪支，下面喜欢画画的同学也可以上来拿。

（许多学生上台并挑到中意的粉笔）

师：现在你们开始用粉笔在黑板上现场作画，就画一片你们心目中的叶子。

（上面学生兴致盎然地作画，余下学生个个惊奇地欣赏）

师：（诗意旁白）一双双嫩生生的小手在黑板上"跳舞"，一个个"舞美造型"顷刻间布满黑板，学生们仅仅是在画一片树叶吗？不，他们是在画他们的兴趣，画他们的想象，画他们的个性，画他们的自信，画他们的勇敢！

（学生陆续画毕，回座）

师：（引导学生一起凝望画满叶子的黑板）树叶画得都很美，让我们做一片美的叶子！请拿出你们的小手，跟孙老师一起写课题。

师：（板书课题，学生跟着书写。写"片"时，写完第一笔——"丿"便停下来，问学生）下一笔写什么？

学生：竖！

师：对了，真棒！（师继续，直到写完课题）

成功的课堂教学离不开精心打造的学习氛围。试想：星空月朗、凉风习习、地碧天蓝，这该是多么美妙的教学场景啊！身置此景，话语如涓涓流水，潺潺而出，心门似春之柴扉，轻轻洞开。如此，哪有心声不能聆听？哪有心灵不能理喻？哪有心火不能点燃？哪有心花不能怒放？

在对话的课前交流中，孙老师把学生看作心上的朋友，学生就将教师视为眼中的亲人，教学过程就能成为师生间以心连心的心潮相逐，以情生情的激情奔涌。"教育就是爱，爱就是教育"，新课程理念下的新课堂，追求的就是用生命点燃生命，用心灵感动心灵，用灵魂塑造灵魂！

教室：发挥环境的课堂教育作用

我们来看一个案例。

走进四年二班教室，映入眼帘的是一面面会"说话"的墙壁。教室的正面，张贴着学生们自己制定的班级奋斗目标：团结、进取、乐学、向上。教室的一侧，张贴着由学生齐心协力构思并绘制的班徽——50只大雁齐飞图，它代表着班级50个活泼可爱的学生在领头大雁的带领下，一起向着美好的明天展翅翱翔。班徽的四周则张贴着学生们的照片，以及每个学生在照片旁写下的一句简短的话，有的是自己的奋斗目标，有的是启示自己的名言警句……小小的图标、短短的语言，无不折射着学生们追求进步、追求发展的美好愿望。

教室另一侧的"学习天地"中，精心布置的是教育教学的专题活动。这里不仅有学生优秀的作业、书法、美术作品，还有学生们亲手制作的小报、读书卡、手工品……

教室后面的黑板报，是学生们又一个展示自我的平台。学生们把队标写在每一期的板报上，随时鞭策着自己：班级是我家，爱班如爱家。

植物角摆放着学生们自己带来的各种盆景，它们在大家的细心呵护下，显示出了勃勃生机，学生们由衷地体会到了教室的可爱、温馨。

以上案例中教师的做法在中小学是很常见的，他们都比较重视教室环境的美化，力求让教室的每一面墙壁都会"说话"。

其实，我国古代就注意环境对人的影响。"孟母三迁"的教育故事，一直被后人传为佳话。"人创造环境，同样环境创造人。"对于学生而言，教室是他们最主要的学习场所。一个温馨、健康的环境，自然影响着学生上课时的心情。故而教室环境的布置是班级管理不可缺少的一部分，它对宽松和谐的课堂氛围的营造具有非常重要的意义。

心理学认为，自然环境对人的影响主要是通过客观现实对人的心理产生影响。良好的教室环境能给学生增添生活和学习的乐趣，消除学习后的疲劳，而这大大有助于提升课堂的生命活力。更重要的是，它有助

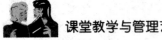

于培养学生正确的审美观，陶冶学生的情操，促进学生奋发向上。另外，良好的教室环境还可以增强班级的向心力、凝聚力。

常听人说："要看一个班主任的管理能力，只要到他的班级里去走一走就知道了。"的确，班级管理的好坏最能直接反映出班主任水平的高低，而班主任要想管理好班级，最省力、最有效的方法就是创设好教室环境。想象一下，当你走进一间地面整洁、窗明几净的教室时，你忍心乱扔纸屑、随地吐痰吗？你忍心在教室里追逐打闹、大声喧哗吗？毋庸置疑，一个和谐、温馨的教室环境，能够给人春风拂面的感觉，这在无形中提升着学生的道德修养。

所以，教室环境是一种无形的内在力量，每位教师和班主任在做好日常教学的同时，都应该重视教室环境的布置。

那么，作为班主任，在班级环境布置上，如何做到让班级的墙壁会"说话"，从而烘托课堂的氛围达到一定的育人功能呢？

首先，要提高对环境育人重要性的认识。

研究表明，宽松、和谐、健康和独特的育人环境，不仅能启迪学生的智慧，增长学生的知识，还能激发学生积极的情感体验，养成学生良好的行为习惯。在和谐的环境中，学生感到自己被人理解、重视，有自由表达的机会，有充分展示自己才能的时间和空间。教室，不仅是学生学习文化知识的主要场所，也是重要的育人阵地。教室环境的教育作用，包括以下两个方面。

1.寓教于境，情感熏陶

"有意无景，形同说教；有景无意，格调不高。"整洁、优美又具有浓郁德育氛围的环境，对学生优良品质的形成起着耳濡目染的作用，这种作用往往是其他教育方式所不能代替的。因此，我们要注重德育的渗透、引导功能，优化班级环境建设，营造文明、健康、活泼向上、具有浓郁德育氛围的班级文化，以达到良好的教育效果。

在布置教室的过程中，教师只要引导学生充分关注教室环境布置中所蕴含的文化内涵、情感因素，就能最大限度地发挥教室布置的育人功能。比如：在教室里设置书报夹，摆放各种课外书籍，让学生在广泛的阅读中领略名家的风范、伟人的高尚人格，了解社会历史、天文地理和大自然的奥妙；通过展示学生的优秀作业、书法、绘画作品、手工制作等，激发学生前进的动力，使班级形成浓厚的人人争先的学习氛围；通过各种花草树木的巧妙摆放，让学生仿佛置身于大自然之中，呼吸清新的空气，陶冶情操，净化心境，给人以美的享受。

2.激发创造，提高素质

学生是班级的主人，教师要充分发挥他们的想象力和创造力，激发他们用自己的智慧和双手来创设有特色的且为自己所喜爱的教室环境。

每名学生都有自己的优点。例如，有的学生擅长写作，有的擅长绘画，有的擅长剪纸、书法、音乐、劳动和搜集材料，等等。针对学生的不同特长可以设计板块，如小画廊、作文展、小小书法家等。我们要充分利用每个学生的优点，合理布置教室。低年级以展示学生的作业、美术作品等为主；而中、高年级，从布置的设计、材料的选择与制作等方面均可以放手让学生参与。发动学生参与教室的布置，不仅能在无形中强化学生的主人翁意识，增强班级的凝聚力，还能不断提高学生动手操作的能力，逐步培养学生感受美、欣赏美、创造美的能力，让他们在尝到成功喜悦的同时增强自信心。

陶行知说："艺术的教育不是目的，而是过程。"让学生参与到整个教室环境布置的过程中，不正是从观念上、意识上、心理上、能力上和审美上培养学生的全面素养吗？

因此，在班级环境文化建设上，要组织学生精心设计和布置，使教室的每一块墙壁、每一个角落都具有教育内容，富有教育作用。

此外，要想方设法把环境布置的教育作用充分发挥出来。

把环境布置的教育作用充分发挥出来，使布置出来的成果具有一定的观赏价值、实用价值，并对学生产生一定的促进作用，激发学生的兴趣，关键在于以下四点。

（1）坚持正确的导向性

在布置教室的过程中，发动学生参与，并不意味着放弃教师的主导作用。在布置教室环境时，首先要讲科学，不能因为教室的布置而分散学生听课的注意力。其次，内容要健康高雅，既要体现文化品位，又要针对学生的年龄特点，让学生能够接受。最后，一定要提倡节俭，反对奢侈；提倡自己动手，反对以钱代劳。只有这样，才能增强学生的参与性，才能让学生在操作的过程中获得更多真实体验。

（2）发挥学生的参与性

教室是学生的"家"，教室的布置过程要从由教师唱主角、学生唱配角，教师包揽一切、学生被动接受与欣赏，转变为学生参与，充当布置教室的主人。例如，某班的环境布置，采取先整体设计、再划块分割的方法，分别"承包"给不同的学习小组去完成，且从设计、采购到制作、张贴，都放手让学生自己完成。结果发现，学生在参与的过程中，动脑动手、策划、人际交往的能力等都得到了充分的锻炼，特别是学生在共同协作完成任务的过程中，团结意识、互助意识、合作意识、关心集体和热爱集体的意识都得以增强。

（3）凸显主题的条理性

环境布置一定要有一个完整的主题，就好比一篇文章，没有主题思想就不成一篇文章。班级环境布置如果没有一定的主题，布置得很花哨且内容杂乱无章，这种布置就毫无意义，更无法引起学生的共鸣。可见，要呈现什么样的主题，是环境布置时首先需要考虑的问题。当然，一个独立而完整的主题可以用多种不同的手段表现出来，可以是文章，可以是字画，也可以是照片，等等。

（4）注重布置的实效性

通过调查发现，大部分学生都认为教室的墙面布置可以美化教室的环境，而作为教室的主人，每个学生都有权利也有义务去改善自己教室的学习环境。因此，只有让学生参与到这项活动中，把他们感兴趣的东西布置出来，学生才会自然而然地去关注教室墙面布置的内容。相反，如果什么都由教师一手包办的话，就会失去它原有的意义，学生的创新能力也会在无形中消失。

一个干净、整洁、温馨而充满情趣的教室，不仅能让学生心情愉快，更能为教师的课堂教学带来潜移默化的教育效果，提升教师课堂教学的魅力。

平等：敞开彼此的心扉

著名教育家陶行知提出："创造力最能发挥的条件是民主。"在长期的教学实践中，只有树立民主作风，在教学中创建和谐、民主、平等的师生关系，才能真正形成良好的课堂教学氛围，使学生的人格和创新思维得到良好的发展，达到教书育人的目的。

教师在课前营造自然、民主、和谐的教学氛围，会使师生关系更加融洽。学生不必小心翼翼地揣摩教师的想法，教师也没有将自己的观点强塞给学生，而是在其乐融融的聊天、谈话中让学生自动参与、乐于表达，并使其敢想敢说，说真话、表真情。

通过平等交流，学生有了轻松愉快的心境，天南地北，无所不谈。他们放飞想象、放飞思维，积极有效地参与到课堂教学活动之中。

总之，师生平等的对话交流，可以缓解学生的紧张情绪，拉近师生距离，彼此敞开心扉，从而为精彩教学做好铺垫。

我们来看几个经典教育案例。

案例一：

江西师大附属小学的著名特级教师熊海滨，从教十八年，潜心教学研究，逐步形成"朴实灵动、情满课堂"的教学风格。

以下为他在参加全国第六届青年教师阅读教学大赛中的教学片段。

师：好啦，同学们，咱们又见面了，俗话说得好啊，一回生二回熟，咱们现在就算是——

生：朋友。

师：那我这个大朋友就来跟大家打招呼，六年六班的四十位小朋友你们好！

生：老师好！

师：不对，怎么叫"老师好"呢，我再来一次：六年六班的四十位小朋友你们好！

生：朋友好！

师：哎，这回就对了，知道我来自哪里吗？

生：江西。

师：朋友见面都要打招呼，想知道江西南昌是怎么打招呼的吗？

生：想。

师（用江西话打招呼说）：你好！

生（用江西话说）：你好！

师：不错。你们能用太原话问您好吗？

生：您好！

师：嗯？这不是标准普通话吗，有谁会用太原话说您好吗？

生（摇头）。

师：都没尝试过，好的。这说明你们老师平时非常注重普通话的教学，昨天短短十五分钟的见面，不知道同学们对我这个大朋友有什么样的了解，谁来说说？好，你先——

生：我觉得从熊老师炯炯有神的大眼睛中我看到了熊老师的智慧，我觉得这节课一定会讲得非常好。

师：你抓住了我的神态，了解了我这个朋友的一个方面，谢谢！

生：我觉得熊老师虽然没有绅士般的动作，但他的动作很大方，如果再夸张一点就能当喜剧演员。

众笑鼓掌。

师：哎哟哟，真好，你能从一个动作了解我这个朋友，还有吗？

生：熊老师我觉得您的言谈举止很儒雅，很有书香门第的气息，尤其是您那双大眼睛在双眼皮的衬托下显得既斯文又顽皮，我很高兴交您这个朋友。

众笑。

师：我一定交你这个睿智的朋友。哎呀，大庭广众之下这样夸熊老师我都不好意思了，还有谁想说说我这个大朋友。

生：老师，第一次见您我觉得您很斯文，如果再加上副眼镜就更斯文了。

众笑。

师：这样吧，我告诉你一个小秘密，熊老师原来可是戴眼镜的。好了，经过几分钟短短的聊天我们都认识了，今天我们就像朋友一样，敞开自己的心扉，好不好？

生：好！

案例二：

这是著名特级教师勒家彦执教《陶罐和铁罐》的课前交流精彩片断。

师：同学们，咱们以前上课是不是老师说"大家好"，然后同学们说"老师好"呀？（生答"是的"）

师：咱们今天换一种问候方式，好吗？（生答"好"）

师：同学们真精神！

生：老师真精神！

师：如果换个字，能让我听了更加高兴。

生：老师更精神！

师：同学们真可爱！

生：老师更可爱！（笑声）

师：怎么了，觉得这句话怎么样？

生：不太恰当。

师：是呀，那应该怎么说？

生：老师更可亲、老师更风趣、老师更可敬、老师更和蔼……

师：初次见面请同学们多多关照。

生：初次见面请老师多多关照。

师：是关照吗？还有没有其他词？

生：指教。

师：哎，这就更恰当了。初次见面请同学们多多关照。

生：初次见面请老师多多指教。（听课老师热烈鼓掌）

师：同学们，这就叫口语交际。下面我们开始上课。

　　熊海滨老师的课前交流恰恰体现了新课程追求民主、平等、和谐的师生关系的理念。正因为熊老师给学生的感觉如此亲切、如此接近，学生才能大胆交流，才很快地喜欢上他的教学活动安排。沟通是双向的、发自内心的，只有教师真心、平等地与学生沟通，学生才能无拘无束地参与到学习活动中，这时的学习才能成为学生的一种需要。

　　靳家彦老师通过师生问候这一独特的方式，让学生在富有情趣的语言实践中，懂得要根据不同人物使用不同的问候语，从而使学生的语感不断得到强化，而且使课堂活跃了起来，笑声不断，其乐融融，可谓是省时又高效。

在课前谈话中，由于师生双方处于平等交流的地位，谈话的方式又不拘一格，所以教师的一问一答、一言一行，往往能最大限度地吸引学生的注意力，由此激发学生学习的热情。因此，课前谈话作为课堂教学的起始环节，直接影响到一堂课教学的质量。在这一过程中，教师注意角色的转变，师生间真正达到了平等的精神交流，预设和生成做到了完美的统一。教师注重以学生为本，学生在合作、交流、探究中能力得以发展，个性得以张扬。

因此，教学中教师应努力构建民主平等的氛围，使学生在一个自由的空间里生活、学习。常见一些有经验的优秀老师，在上课前，都会精心设计一些课前谈话，以拉近师生之间的距离，营造良好的学习氛围，使学生在课堂内敢学、敢说、敢做、敢问。

著名教育家陶行知先生认为，民主的教师必须具有虚心、宽容、与学生共甘苦的特点。教师一方面要放下架子，用平易近人的态度、亲切的话语去感染学生，充分调动学生的主体精神，在课堂内允许学生发表自己的见解，即使见解不完整、不准确，也要进行鼓励，因为在这样的气氛中学生的思路最活跃，最能体现他们的创新思维。另一方面，教师要与学生共甘苦，虚心向学生学习，否则"你便不知道他的能力，不知道他的需要，那么，你就是有天大的本事也不能教好他"。

总之，民主、平等的课堂就像是缕缕阳光，是润物细无声的春雨，它会形成和谐的师生关系，促进心与心的交流。

气氛：不能以伤害学生的自尊为代价

有时候，在课堂上教师为了活跃气氛给学生"提神"，往往会开一些玩笑或讲几句笑语，但前提是，不能以伤害学生的自尊为代价。

下面我们来看一个案例。

那是一个烈日炎炎的下午，第一节课开始了，可同学们还未从午睡的状态中"苏醒"过来，个个萎靡不振。这可怎么办？还用唱歌这种老办法吗？可能行不通。我灵机一动，问道："李超，如果你家有小偷来盗窃，你拨打什么来报警？"李超是我们班的活跃分子，平时能说会道，可那天还是在同桌的提醒下，才慢吞吞地站起来，而且一声不吭。我本想用一个简单的问题吸引大家的注意力，就随便叫了一个人，没想到他答不上来。我笑了，全班哄堂大笑，个个变得劲头十足。只见李超红着脸低着头。我又问全班同学："你们知道吗？告诉他。"全班同学异口同声地说："110。"我瞪了一眼李超，他胆怯地说："我刚才说的就是'110'，你们全在笑，没听见。"我没说什么，示意他坐下。

这件事以后，李超像变了一个人似的，不主动开口说话，不与同学玩耍，见到我就有一种莫名的畏惧感。这时，我才意识到自己错了，我怎么能为了给全班同学提神，以伤害一个学生的自尊心为代价呢？岂不是顾此失彼、得不偿失？我陷入了沉思……

反思我们的课堂教学，经常在不经意间犯下顾此失彼、得不偿失的错误。案例中的教师仅仅为了给学生"提神"而妨碍了另一个学生的成长。这样做，僵化了师生关系，最大的弊端是严重伤害了学生的自尊心。

自尊心指自己尊重自己，不容许别人歧视、侮辱的一种心理状态。它是人的自我意识的一种表现，并以特定的方式指导着人们的行动，它能催人上进，使人奋发，有助于克服各种困难和本身的弱点，在人们的行动中常常起着积极的作用。学生的自尊心像稚嫩的小苗，一旦受到伤害，会使他精神压抑，有一种莫名的畏惧感，留下难以愈合的伤口，甚至会影响他的一生。

因此，教师在课堂教学中不应拿学习差的学生开玩笑，活跃课堂气氛不能以伤害学生的自尊为代价。不少学生争强好胜，有上进心，并且希望得到教师的赞许，但难免出现错误。对此，不能在课堂上过多责备他们，更不要讽刺、挖苦他们，而应该抓住其微小进步，激发学生的积极性，使他们克服不足，在自豪中建立自尊。

导入：未成曲调先有情

苏联著名教育家苏霍姆林斯基说："如果教师不想办法使学生产生情绪高昂和智力振奋的内心状态，就急于传授知识，那么这种知识只能使人产生冷漠的态度，而使不动感情的脑力劳动带来疲劳。"因此，教师应该在课堂导入时特别注意艺术性。

教师充分利用自己较为广博的知识，组织生动优美的教学语言，以此来激发学生学习兴趣，帮助学生展开思维、丰富联想，变好奇心为浓厚的兴趣，很自然地成为学习的主人，把学生引入知识世界，为上新课创造出一种和谐的课堂气氛。

我国古代著名的教育家孔子也曾说过："知之者不如好之者，好之者不如乐之者。"从心理学角度讲，兴趣是认识事物过程中产生的良好情绪。这种心理状况会促使学习者积极寻求认识，了解事物的途径和方法，并表现出一种强烈的责任感和旺盛的探究精神。

可见，如果课堂导入充满艺术性，学生便会把学习看作是一种精神享受，因而能更加自觉积极地学习。

那么，如何才能让导入充满艺术性，进而把学生的注意力吸引到课堂上来，为下面的学习奠定良好的基础呢？

首先，艺术性和趣味性的导课一般应满足以下几个要求。

一、目的明确，针对性强

虽然从根本上说，导课的目的是吸引学生的注意力，但是具体到每一堂课的导入，又有更具体的目标，要紧扣本课的教学目的和要求，而不要脱离具体的教学内容去摆什么"噱头"。不错，"噱头"有时也会起到吸引学生的作用，但是由于与教学内容相脱节，因此这种"吸引"是不可取的。一是由"噱头"产生的作用毕竟是有限的，不可能维持整堂课；二是如果"噱"过了"头"，那便很容易把学生引入误区，会影响他们按教学大纲的要求去学习。艺术性的教学，必须首先明确导课的具体目的，导入语的设计、各种手段的使用都应针对具体目的。比如，有时是使新旧知识联系起来，有时是为了设置悬念引发学生对新内容的思考，有时想创设一种适合学生学习的意境，有时是解决学生对课题的疑问，等等。

有位教师在教《说谦虚》一文时的导课就设计得很精彩。他说："有一位导演，成功地导演了一部新影片。当记者问到这部片子，并请他谈谈想法时，导演说：'如果把这部整体美的影片打碎，那么任何一块碎片都将闪光。'而举世闻名的球王贝利被问到哪个进球最精彩时，他却回答：'下一个。'这是两种完全不同的人生态度，难道不值得我们思索吗？"

课堂教学导入还要针对学生的年龄特点、心理状态、知识能力基础的差异程度来设计。比如：小学一、二年级，最好多从讲点故事、做点游戏入手；中学生多从联想类比、启发谈话、设置疑难入手。有针对性的导课才能满足学生的听课需要。

二、简洁明了，恰到好处

由于一堂课的教学时间有限，导课又不是授课的重点，所以不易在课的开头花太多的时间。冗长、啰嗦、不得要领的开头，不但没有美感，更不能取得良好的教学效果。艺术性的导课，必须争取在较短时间内，用最精练的语言，达成事先要达到的目标。例如，一位教师上《念奴娇·赤壁怀古》一课，他是这样开讲的："有这样一件有意思的事：音乐家想把这首词谱上曲子，作为《话说长江》的主题音乐会的歌曲，但他们嫌这词太长，于是有人提议浓缩一半，当他们向几位诗人提出要求以后，诗人们哈哈大笑：'怎么？把东坡的《念奴娇》改短？这可是千古绝唱啊！别说减一半，谁改得动一个字？'好吧，咱们今天便来学学这千古绝唱的《念奴娇》，看看能改动一个字吗？"短短几句话用设问和反问，故意显出疑惑，使学生的思维由课前的茫然状态转变为惊疑后的思考，达到激发学生学习积极性的导课目的。

一位教师讲《小壁虎借尾巴》一课。开始上课了，教师带着亲切的微笑说："今天，老师带来了一只小动物的画像，你们谁认识它？"说着，从课桌上拿起一只小壁虎的图画，这只用水彩画成动画形象的小壁虎很可爱，尾巴做成活动的，可以摘掉。学生们马上惊喜地说："小壁虎！"教师接着问："谁知道它是什么样的动物？"有的学生说："壁虎有毒，能让人中毒。"另一学生说："壁虎吃苍蝇、蚊子。"教师趁机说："壁虎虽然长得不好看，可是它吃苍蝇、蚊子，是人类的好朋友。你们看，这只小壁虎的尾巴怎么了？"（将画上的小壁虎的尾巴摘下）学生惊奇地说："哎呀，尾巴断了。"教师马上因势利导："这只小壁虎的尾巴怎么断的？断了以后它怎么办呢？今天我们学《小壁虎借尾巴》（板书课题），这一课讲的就是这只小壁虎尾巴断了以后的事。"

这个导课总共不到 5 分钟，却因其简洁凝练、巧妙、新奇，成功地激发了学生急切的求知欲望。

三、新颖有趣，能吸引人

根据心理学的研究，新异刺激可以有效地强化学生的感知，吸引学生的注意。因此，具有新颖性的导课能够引起学生的兴趣。学生的学习兴趣是他们学习获得成功的原动力，求知欲望是他们聪明才智的激发器。如果在一堂课开始时，教师通过其富有哲理、富有热情并且富有鼓动性的"开场白"，把学生积极学习的热情最大限度地调动起来，那么接下来师生双方都会觉得十分轻松、十分愉快。比如，有个教师给高一的一个班上观摩课，时间是刚上完一节体育课后的第四节，预备铃响过，教室里仍是一片混乱。上课铃响了，这位老师走上讲台，学生们仍在打闹，怎么办呢？只见这位教师略一思索，突然大喊一声："同学们！"略一停顿，一字一句地说："今天早晨，电视广播了一条极其悲惨的新闻。"学生们齐声同应："啊，什么悲惨新闻？"老师用低沉的声音回答说："山西有一个煤矿发生瓦斯爆炸，有几十个工人被困井底，生死未卜——"接着是一个较长的停顿。学生们这时都注视着教师，急于想知道详情，课堂里顿时鸦雀无声。接着老师说："人们正在组织救援。情况与我们今天要上的课有些类似。"略停一下，然后说："请同学们把课本翻到第 103 页，今天我们学习《为了六十一个阶级兄弟》。"尔后板书课题。一场混乱霎时平息，并且营造出了十分符合教学内容的课堂气氛，取得了良好的课堂效果。

四、要有悬念

好奇心成人有之，青少年学生尤甚。悬念当然是由教师悉心营造出来的，但如何营造能使效果较佳却是颇有讲究的。教师要根据学生的知识水平和心理特点来设计导语，要造得逼真，要造得恰到好处，其中特别要注意的是必须与本堂课教学的内容、情境相符合，使学生在探究悬念"谜底"的同时完成他们应该完成的学习任务。

在教朱自清的散文《绿》时，教师先讲了一个小故事：欧洲有个叫摩根的商人长得高大魁梧，但他的夫人却小巧玲珑。他们夫妇俩到了非洲，男的先去卖蛋，一连三天空手而归。而夫人去卖时，不久蛋就卖光了。这引起学生的诸多猜想。老师最后说："摩根人手大，鸡蛋在他手中显得小。他的夫人手小，同样一个鸡蛋在她手中就显得大了，所以人们争着买。"同学们听了恍然大悟。老师接着说："文学家经过对生活现象的长期观察、体验，有意识地把生活现象进行加工提炼，运用于文学写作，这就是我们常说的衬托手法。同学们看看：《绿》这篇文章在哪些地方使用了衬托手法？这样写表达了作者怎样的思想感情？"

这样导课就具有新颖性的特点。新颖性导课其优点不言而喻。

五、要有启发性

积极的思维活动是课堂教学成功的关键。所以，教师在上课伊始就运用启发性教学来激发学生的思维活动，将有效地引起学生对新知识、新内容的热烈探求。

有位物理教师在初中物理"运动与静止"这一课题的教学中，就使用了启发性导课。一开始教师问："你们听说过用手去抓飞行的子弹的事吗？"对学生来说，这种事似乎是不可思议的，教室内立即鸦雀无声，同学们开始思考了。不一会儿，学生们争先恐后地发表自己的看法："子弹飞得那么快，用手能抓住吗？""我就听说过。"老师肯定地回答："第一次世界大战期间，一名法国飞行员在两千米高空飞行时，发现有一个小虫似的东西在身边蠕动，他伸手一抓，大吃一惊！原来抓到的竟是一颗德国制造的子弹。"学生们听了十分惊疑，产生了一种强烈的探究心理。"出现这种情况是什么道理呢？我们今天要学的课题'运动和静止'就要探讨这个问题……"于是，学生们的注意力就集中到新课的内容上去了。

启发性的导课设计应注意给学生留下适当的思考余地，让学生能由此及彼，由因到果，由表到里，由个别想到一般，收到启发思维的教学效果。

此外，导入也要讲究方法。

教学没有固定的形式，一堂课如何开头，也没有固定的方法。由于教学对象不同，教学内容不同，开头也不会相同。即使是同一内容，不同老师也有不同的处理方法。

下面介绍一些课堂导入设计的方法，可作为教师设计课堂导入的参考。

(一) 开门见山，揭示新课

即针对教材特点，直接揭示学习目标。就是在上课开始后，教师开门见山地介绍本节课的教学目标和要求、各个部分的教学内容、教学进程等，让学生了解本节课的学习内容或要解决的问题，以此引起学生的有意注意。这种导入式特点是"短、频、快"，即省时，接触新课主题迅速，能及时起到组织学生进入学习角色的作用。

师：我们天天读书，从小学到初中，再到高中以至进入大学。这是为什么呢？就是为了中华的崛起，为了自强于世界民族之林，为了使我中华繁荣富强。这是我们读书的目的。周恩来总理在他的青少年时代就给我们树立了典范。今天我们要学习的课文是：(板书)《为中华崛起而读书》。请同学们打开书，认真自读。

教师直接将本堂所讲的课文《为中华崛起而读书》的主题用短短的几句话揭示给同学们，使同学们意识到读书的目的是什么：不是为了个人，不是为了父母，更不是为了亲戚朋友，而是为了"中华崛起"这个大目标，只有如此才有无穷的动力。学生们平时听到的都是一些为了自己的前途而学习，为了给父母争面子而学习，为了光宗耀祖而学习的话，现在听到"为中华崛起而读书"的话，内心一定会受到震撼。教师举出了周恩来总理的例子，对学生是很有说服力的。一是周总理的伟大形象早已深入人心，提起"周总理"三个字，学生们无不肃然起敬。二是看周总理是怎样立志的，怎样学习的，怎样通过艰苦的革命实践，成为卓越的国家领导人。这样就在学生心中首先树立起一个"楷模"或"丰碑"。那么，以后的教学内容也都围绕这个中心来进行。

（二）温故知新

它是指教师根据知识间的内在联系，以复习提问旧知识为手段，在旧知识里面带出新课内容的线索，引导学生从已有知识出发，顺理成章地进入新知识领域，并产生强烈求知欲，去探求新知识的一种导课方式。这是最常见的课堂教学导入方式。其特点是以复习已经学过或学生日常生活中已经了解的知识为基础，将其发展、深化，引导出新的教学内容，既给学生复习巩固旧知识，又引发学生对新知识的积极思考。"温故"是手段，"知新"是目的，两者有机结合并自然过渡。

各学科的教学内容，章节之间、课文与课文之间都有一定的内在联系。由已知到未知也是学生认知发展的一条规律。因此，在讲授新知识时应考虑新旧知识之间的联系，很好地利用与新课内容有密切关系的、学生已经掌握的知识，或者日常生活中已经积累的知识，以此设计导入语，引出新的内容。这样的导入，不仅可以帮助学生巩固已学的知识，加强新旧知识之间的联系，使学生易于明确本节课的教学目的、任务和重点，而且也易于激发学生探求新知的欲望。

例如，在讲"事物发展的趋势"一课时，教师可先提问学生："什么是发展？"在学生回答了"发展"之后，教师可这样过渡到新课："同学们，既然一切事物都是在变化发展的，而发展就是新事物代替旧事物，那么，新事物为什么会代替旧事物？新事物代替旧事物是否一帆风顺？如果不是一帆风顺那又是怎样的呢？"让学生思索片刻后，教师接着讲："今天，我们这节课所要学习的知识就是解决这些问题的……"这样的导课，一下子就能把学生的思维紧紧地从旧知牵引到寻求新知的情境中，使导课简短、恰当、自然。

复习旧知识的导入方式重在恰到好处地选用与新课内容关系密切的知识。这种导入有以下四种具体方式。

1. 从总结旧课入手导入新课

这种方式又称为归纳导入式。教师提出要讲授的新课题之后，首先对上节课所讲的内容概括地小结一下，扼要复述出与此有关的新知识，讲课时使学生把新旧知识连贯起来思考。这样既能起到承上启下的作用，又能较好地巩固已学的知识。例如，历史课"唐朝的衰落"，可以这样开头：

"自从公元 618 年唐高祖李渊建唐以后，经过唐太宗、唐高宗、武则天到唐玄宗统治前朝，这是唐朝历史的前期。从'贞观之治'到'开元盛世'，唐朝前期经济繁荣、国力强盛，中国封建社会呈现出前所未有的盛世景象。但是今天我要告诉同学们，到了后期，唐朝逐渐走向衰落。这强盛和衰落之间有一转折点，那就是'安史之乱'。"

这样的导语，既使学生复习掌握了旧的基础知识，又激发了学生探求新知识的欲望。

2. 从检查提问旧课入手导入新课

它通过提出一些与新课内容有关的、学生已经了解的有趣的问题，激发学生想要了解该问题的好奇心，进而导入新课。教师在讲课之前，先面向全班学生提出几个前节课学过的富有启发性的问题，引起全班学生的回忆、思考，再找几个学生（一般找中等程度以上的学生）回答问题，在个别学生回答、教师做出订正和补充的基础上，带动全班学生复习旧课，进而导入新课。其要求是所提问题必须科学、有趣味、有意义，具有激发兴趣、发人深思的作用。

3. 通过组织学生进行听、写、练等活动导入新课

在讲授新课之前，教师先让学生以听写、板书、朗读、翻译、练习等活动方式复习旧课，使学生再现已学过的知识，然后导入新课。

4. 向学生提示问题，引导回忆旧课或者有关的知识导入新课

该方式又称联想式导入。教师在讲授新课之前，提示学生回忆前节课讲过的几个问题，或让学生提出与新课有关的知识。学生经过回忆、思考，在头脑中再现提问的内容，不经由直接回答即转入新课。例如，一位语文教师在讲《海底世界》时的导入如下：

"提到大海，同学们都会联想到蔚蓝的海水，一望无际的海面，还有那点点白帆，振翅飞翔的海鸥。然而说到海底，我们了解得并不多。今天我们来学习《海底世界》一文，它将使大家对海底世界有一个鲜明深刻的认识。"

复习导入语是教师最常用的导入方式。心理学告诉我们，那些与一个人已有知识有联系的事物及能增进新知识学习的事物，容易引起这个人的注意。所以，以复习旧知识引入新课，能使学生从已知的领域进入未知的新境界，不仅有利于学生接受新知识，而且起着集中学生注意力的作用。因而，教师往往乐于采用复习导入的方法。当然，复习导入语应该和新课内容密切相关，过渡到新课也应十分自然。

（三）审题入手，提纲挈领

它是指教师直接从解释或发问教材的课题词语入手，帮助学生审析题意，了解所学内容的大致概况，为进入新课做好铺垫，达到开"窗"窥"室"效果的一种导课方式。这种方法开门见山、直截了当，又突出中心或主题，可使学生思维迅速定向，很快进入对中心问题的探求，因此也是各科导入常用的方法。运用此法的关键在于针对教材、围绕课题提出一系列问题，因此必须精心设计、认真组织。此外，还要善于引导，让学生朝着一定的方向思考。

例如，有位老师在讲"一个国家，两种制度"一课时，先点出本节教学课题之后，立即借题发问：'一国两制'是谁在什么时候提出来的？""'一国'是指哪一国？'一国'同'两制'之间存在什么关系？""一国两制，适用于哪些地区？这些地区实行'一国两制'后同我国其他地区有什么不同和相同的地方？"这样围绕课题，不断发问，能引起学生注意和积极思考，并使学生了解新课的大概内容，为下面的讲授奠定心理和认知基础。

课题都是经过编者们反复推敲、字斟句酌而确定的。透过题目，往往能抓住课文的主题和脉络。因此，从破题入手导课，能顺理成章地引导学生把握全文中心，抓住重点，有目的地听课。破题导课运用得是否巧妙，关键在于对题目领略是否深刻，注释是否与课文内容相互呼应，既要说到点子上，又不代替对课文本身的分析，而是将破题作为手段，创设讲授课文的契机和情境。

（四）激疑导入式

提出疑问是指：一、设问，自问自答；二、提问，由学生回答。学生回答又分为指名回答和集体回答两种。所问内容，可从不同方面、不同角度提出，只要有利于引入正文讲授即可。这是常规使用的一种导入方法，也是一种简便易行的方法，使用频率较高，使用人数较多。

师：同学们，我们每天学习、生活，都要交流思想、传递信息，靠的是什么呢？

生：语言。

师：对，靠的是语言。语言有有声的，还有无声的。但不管它是何种形式的，都是我们人类的交际工具。那么，是不是只有人类才有语言呢？大自然又是靠什么将它的四季变化告诉给人们的呢？人们为什么要了解、研究大自然的变化？这种研究有什么意义呢？带着这些疑问，我们来学习《大自然的语言》（板书题目）这篇课文。

教师在这里提出了一连串思考题，实际是以设问的方式引起学生的注意。这种提出疑问导入的方法，可以促进师生的双边思维活动，还可以起到组织教学、集中学生注意力的作用。必要时，既可以让学习好的同学回答，也可让精神不集中，甚至在下边小声说话，或看其他书籍的同学回答，以促使其注意力回归课堂。

（五）因势利导

它是指教师上课时，就课前发生的情景，巧妙地结合教学内容，顺势开讲，恰当地把学生的注意力和思维带到学习新课知识上来的一种导课方式。例如，有位教师正要去上"正确认识自由和纪律的关系"的课，当他走到教室外边，看到教室里有很多同学围在一起，并听到他们在大声争吵："我摔打喊叫关你什么事？""你摔打喊叫声音很大，影响我做作业、思考问题！"……恰在此时，上课铃声响了，同学们一哄而散，各自落座，两位争吵的同学虽有怒气，却面带怯色，等待教师的发落。这时，这位教师面带笑容，一上讲台，开口就说："同学们，今天我又发现了一个'新大陆'，为我们学好这节课内容填补了一个空白。"学生一听，情绪有所缓解，这位教师接着说："这'新大陆'就是刚才两位同学争论不休的问题。这个问题所包含的道理就是我们这节课要解决的问题——正确认识自由和纪律的关系。"这样一开讲，全班同学会心一笑，紧张的气氛随之而散，轻松自然地导入了新课。

（六）借用名言

"名言"是指人们所熟知并认同的带有一定哲理的话，它含义深刻，具有振聋发聩的作用，如"失败乃成功之母""骄兵必败""一寸光阴一寸金，寸金难买寸光阴""少小不努力，老大徒伤悲"等。有的名言是出自名人之口、名人之文，例如记载古代教育家孔子言论的《论语》中就有许多话为人所熟知，能够脱口而出，如"有朋自远方来，不亦乐乎""学而不厌，诲人不倦""君子喻于义，小人喻于利"等。此外，还有韩愈《师说》中的首句"师者，所以传道受业解惑也"，杜甫名句"读书破万卷，下笔如有神"，列宁"真理再往前走一步就变成了谬误"，等等。也有的名言是经过客观实践的检验，为人们所称道并在日常生活中使用的成语、俗语、谚语，如"三个臭皮匠顶个诸葛亮""三人为众，聚沙成金""心底无私天地宽"等。诸如此类的俗语、谚语、成语，各行各业都在频繁地使用。借用这些名言，应用于课堂教学的导入，格外引人注目，新颖别致，能激发并提高学生的学习兴趣。

师：大家知道英国有一位著名剧作家，叫莎士比亚，他有句名言："书籍是全人类的营养品。"他还说："生活里没有书籍，就好像没有阳光；智慧里没有书籍，就好像鸟儿没有翅膀。"这个比喻是多么形象啊！大家也许还记得这样一句话吧"知识是人类进步的阶梯。"高尔基也曾说过："爱书吧，它是你知识的源泉。"那么这些书藏于何处呢，到哪里去读书呢？

生：图书馆。

师：对，图书馆。那是书籍的海洋、知识的宝库。伟人、大学问家都和图书馆有着不解之缘。马克思在大英博物馆读书时，座位下的地面磨出了一道沟。毛泽东青少年时代在长沙时总是第一个进图书馆，最后一个离馆。数学家华罗庚、陈景润与图书馆也有许多佳话。现在，我们就来共同学习《人类的知识宝库——图书馆》一文。

作家、学问家、伟人……他们的成功有一个共同的规律：大量地接受前人文化遗产，大量地读书以充实头脑。因此，对书籍的存放场所——图书馆有特殊感情。鉴于他们的深刻体会，他们说了一些关于书籍的至理名言。这些名言鼓舞、指导着一代又一代的青年学生，有的青年学生把它作为座右铭，当成律条、训言，牢记于心，实践于行。教师用这些名言导入，无疑能够加深学生的认识，使学生意识到图书馆是营养之地、发展之地、成才之地。使学生认识到要做一只勤劳的蜜蜂，为人民酿出蜜来，就得到万花丛中，就得到图书馆里去吸取大量知识营养。

　　总之，我们要善于运用导入技巧，一上课就把学生的心紧紧抓住，使其怀着新的期待投入新内容的学习中去，为整节课起到良好的铺垫作用。

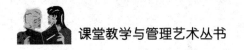

提问：使教学有声有色

　　课堂提问是教学的重要组成部分，没有成功的提问就没有教学的艺术，精彩的提问使课堂生机勃勃，教学有声有色。怎样的提问才是一个好的提问？日本的一些教育家根据提问的优劣把课堂提问分为"重要的提问"和"徒劳的提问"两种，并指出"重要的提问"具有以下五个特点：①表现出教师对教材的深入研究；②与学生的智力和知识水平的发展相适应；③能诱发学生的学习欲望；④能有助于实现教学过程中的各项具体目标；⑤能启发学生自省。怎样才能使课堂教学中每一提问都成为"重要的提问"，使其既激发学生的兴趣，活跃课堂气氛，又促使学生积极思考、探究知识，收到事半功倍的效果。实践证明，要实现上述目的，就要注意以下几个方面。

一、准确地抓住以下几个提问点提问

1.抓住兴趣点提问

　　所谓兴趣点，就是能够激发学生学习兴趣，促进学生思考理解的知识点。由此提问，可以激发学生的求知欲望，发挥非智力因素对教学的促进作用。例如在音乐课中，小学低年级学生想象、思维能力都比较差，插图导入，可以丰富想象、激发兴趣、启发思维，帮助他们理解音乐。教唱《呱呱呱》一歌时，教师先出示插图让学生观察，并提问："图中的小动物你们见过吗？它们会干什么？为什么我们大家都要保护青蛙？"学生通过回答，加深了对音乐形象的理解，并且明确了保护青蛙的意义，从而为学唱这首歌奠定了基础。又如，在政治课中，有的人认为政治课枯燥，而有的老师却讲得津津有味，听他的政治课不是一种负担，而是一种艺术享受。下面让我们来欣赏一位教师在"识别美丑"这课的提问艺术吧！

　　（上课伊始，教师环顾教室，看学生都做好了学习准备，开始教学）
教师首先挂出一张色彩鲜艳、黑白分明的熊猫图，一边指着图指导学生观察，一边描述：这是上海杂技团的大熊猫伟伟，它会玩球、骑车，还会吃西餐……同学们看了有什么感觉？

生：啊！真美，真可爱！

接着教师又挂出一张图，上面画着一个小笼子，里面装着一个小灰鼠，绿豆眼，尖尖嘴……

师：你说它好看吗？

生：不好看，它太丑了。老鼠不只长得不好看，它还偷吃我们的粮食，咬我们的衣服，它是一个坏蛋。所以，人们常说："老鼠过街，人人喊打。"

师：同学们，熊猫和老鼠是两种不同的动物，给我们的感受分别是什么？

生：一个是美，一个是丑。

师：在我们的生活中，有各种事物，它们会给我们不同的感受，那么如何看待这些动物呢？这就是本节课要讲的内容。

（板书：识别美丑）

（从学生熟悉的事物用两张彩色挂图做对比引出课题，使抽象的课题变得具体了）

师：如何看待美和丑？（板书）

生：好的、好看的，就是美的。坏的、难看的，就是丑的。

师：我们先说对美的看法。我们在上学期讲过《热爱祖国》一课，讲到祖国的锦绣河山千姿百态、景色动人，哪位同学把这景色描绘一下？

生：飞流直下的庐山瀑布，白云环绕的黄山奇景，壮观的泰山日出，都是祖国山河优美的自然景色。

师：还有呢？

生：天下闻名的桂林山水。

师：对，"桂林山水甲天下"嘛。还有呢？

生：杭州的西湖，苏州的园林，都是很美的。

师：对，不是常说"上有天堂，下有苏杭"嘛。这些地方同学们都去过吗？

生：没有。

师：将来有机会，咱们一块儿去旅游，饱览祖国的山水之美。这些美景，我们称作大自然的美。

（板书：自然美。）

（这里教师用学生已有的知识启发诱导，进而使其获得新的知识。）

（教师提出让学生朗读脍炙人口的诗句，也是进行美的教育，从自然美引导学生认识文学美、仪表美、行为美，逐步引导到心灵美，由浅入深，由表及里，井然有序。）

爱美之心，人皆有之。但教师如何去触动学生的心，点燃他们的心中之火，唤起他们对美的热爱和对美的追求呢？这就是教育艺术。正如法国教育家卢梭在《爱弥尔》一书中所说："教育的艺术是使学生喜欢你所教的东西。"这位教师提问的艺术之可贵，大概就在于此。

2. 抓住发散点提问

在教学中充分发掘教材因素，抓住教材中最能引起发散思维的发散点设问，进行发散思维训练，这对引导学生深入理解课文内容，培养学生的创造能力是十分有益的。例如讲《项链》一课时，为了加深学生对课文的理解，教师可提出这样一个问题："除了课文的这种结尾法外，你还能想到另外的结尾法吗？你设想的这种结尾法和课文的结尾法相比哪种方法好？为什么？"经过这样一问，学生的思维闸门打开了，设想了好几种结尾法，经过反复讨论比较，大家明白了课文的情节，即最后作者来这样一个意外的结尾，既在意料之外又在情理之中（遗失了假项链，赔偿了真项链）。"谜底"不在小说中间揭晓，即借佛来思节夫人项链时，而用结尾处的几句话来点明："唉！我可怜的玛带尔德！可是我那一挂是假的，最多值五百法郎！……"这样既有余味可寻，又升华了主题，使读者从结尾处回溯全文。这种结束之妙，远非其他任何结束之法可以相比。

3. 抓住矛盾点提问

此种提问以抓住一对矛盾或抓住一个现象来提问，使讨论的中心向新课方向逼近。例如，有位教师讲自然《浸润和不浸润》一课时是这样提问的，教师问："鸡和鸭都是家禽，但鸡怕水，而鸭为什么不怕水呢？"学生围绕这个问题展开讨论，教师在这期间引导学生做在一个白纸板和油纸板上分别滴一滴水的小实验，以打开思路促使讨论进一步深入，从而引发出浸润和不浸润的问题。

此种提问，有时也穿插一点小实验来打开学生的思路，使讨论向纵深方向发展。由于讨论目的明确，学生思维比较活跃，同时也为教师能及时抓住学生的实际认知状况提供了机会，这就有效地保证了对新内容的教学针对性。

4. 抓聚合点提问

聚合点是集中反映课文的中心思想或者大家关心的热点问题。围绕聚合点提问，可以抓住一点提挈全文，保证教学的整体性。例如，在讲《社会发展简史》中的"社会主义制度的不断完善和发展"一课时，教师首先就热点问题设疑："社会主义既然是世界上最先进的社会制度，而且有着无比的优越性，那为什么第一个社会主义国家苏联会解体呢？苏联、东欧的剧变还能不能说明资本主义必然灭亡、社会主义必然胜利这一历史发展的规律？"热门问题一提出，立即引起学生浓厚的兴趣并展开了热烈讨论。在学生争论不休之时，教师用学生所了解的中国革命发展过程给予点拨并及时引入新课，同时指导学生阅读教材，在阅读中再引导学生。这样，使学生初步明确了社会主义是新生事物，具有强大的生命力和很大的发展前途，中国走社会主义道路是历史的选择和必然；社会主义在其发展过程中会有迂回和曲折，但这是前进中的曲折，社会主义和其他事物一样，也需要不断地得到补充、发展和完善，社会主义必胜的规律是不会改变的。

这种结合实际，用热门话题提问导入新课的方法，不仅调动了学生学习的热情，活跃了课堂气氛，而且使学生深刻地领会了知识。

5. 抓住模糊点提问

由于学生欣赏能力的限制，他们对课文内容的理解往往具有片面性。在课堂教学中，根据反馈信息准确地捕捉学生认识上的模糊点，可以有效地引导学生正确理解课文内容。例如，讲授古诗《陌上桑》时，在如何理解"东方千余骑，夫婿居上头。何以识夫婿？白马从骊驹。青丝系马尾，黄金络马头；腰中鹿卢剑，可直千万余。十五府小吏，二十朝大夫，三十侍中郎，四十专城居。为人洁白晰，鬑鬑颇有须。盈盈公府步，冉冉府中趋。坐中数千人，皆言夫婿殊"这段诗时，有不少同学疑惑：罗敷真的有这样一位地位显赫的夫婿吗？如果真是这样，她会出来采桑吗？以此关键问题进行提问，引导学生联系全诗的内容深入讨论，从而明白了这一段诗全是诗人的虚构。作者以大胆而随心所欲的夸张，不仅充分展示了罗敷的雄辩善言和不可抗衡的气势，而且使使君处于无地自容的境地。这样的提问引导，既澄清了学生的模糊认识，又提高了学生的思维能力。

二、课堂提问要符合下列要求

1. 课堂提问形式要新颖灵活

课堂提问应根据不同的教学内容，不同的教学目的，采取不同的提问方式。在具体操作时，可让学生先看书然后教师提问，也可先提出问题再让学生看书思考后回答；可让学生独立思考后通过讨论再答，也可提问回答后通过讨论再答；可在教师提问后让学生提问（质疑），也可在学生提问（质疑）后教师再提问。总之，要追求新颖灵活的形式，使课堂提问充满生机和活力。

无论是教师问还是学生问，都要力戒满堂问、一问到底的僵化呆板的方法，把提问和读书、独立思考、讨论、书面回答、板练、点拨等方法有机地结合起来，力求各种方法的优化组合。

要严格控制教师提问后学生齐答的方法，要力戒"是不是"的肤浅问法，因为这样的提问往往思考的价值不大，并且极易使学生养成不动脑筋的坏习惯。

2. 课堂提问要有启发性

所谓提问有启发性，就是要求教师所提的问题能发展学生的思维能力、观察能力，有利于学生发表自己的独特见解，促进学生积极参与教学活动，从而改变学生被动的学习状况。因此，启发性不仅表现在问题的设置上，还表现在对学生的引导上，要突出学生的主体地位，要适合学生的心理特征和思维特点。

3. 课堂提问要目的明确

课堂提问要围绕教学目的，紧扣教材内容，根据教材的重点、难点、特点进行设计。

4. 课堂提问要层次清楚

首先，要处理好提问操作过程中的层次。美国一位研究者认为，在课堂提问中教师应有两个重要的停顿，即"第一等待时"与"第二等待时"。其中，"第一等待时"是指教师提出问题后，要等待足够的时间，不马上重复问题或指定学生回答。"第二等待时"是指学生回答之后，教师也要等待足够的时间再评价学生的答案。这是为了留给学生回忆、联想、分析、组织语言等的时间。

其次，课堂提问的设计要体现教学过程中不同环节的不同要求，体现教材的内在联系。因此，在设计问题时，问题与问题之间应有明显的层次划分；在课堂操作中，要通过停顿、过渡等，增强提问的层次感和节奏感。

5. 课堂提问要难易适度

要做到难易适度，问题的设计就要充分考虑学生的智能水平、生活实际和年龄的差异，尽量接近学生的最近发展区。要防止：浅——缺乏吸引力，索然无味；偏——抓不住重点，纠缠枝节；深——高不可攀，"听"而生畏；空——内容空泛，无从下手。太易，脱口而出，无法引起思考，对培养学生的思维能力不利。太难，难以下手，造成心理压力，结果适得其反。要做到难易适度，还要注意问题的梯度。所谓梯度，就是提出的问题，应做到由易到难、由简到繁、层层推进、步步深入，把学生的思维一步一个台阶地引向求知的新天地。正如钱梦龙先生所说的那样："先问一些比较容易、有趣的问题，让学生尝到一点解决问题的乐趣，然后逐步加大难度。这样，学生们就好似登山一样，过了一个山峰，又有一个更高的山峰在自己的面前，于是他们登高的兴趣会越来越浓，课堂气氛也就越来越活跃了。"

6. 课堂提问要面向全体

面向全体，让每一个学生都得到发展，是素质教育的基本要求，也是提高教学质量的基本保证。课堂提问要让大多数学生参与进来，力求使多数学生有回答的机会，让不同程度的学生都受到训练，都有不同程度的收获，做到整体优化，兼顾到不同层次学生的需要。一般而言，一节课内发言的学生越多越好，同一学生发言不宜过多，要照顾到不同层次、不同小组、不同位置的学生，保证大家发言的机会均等。教师应该适当搞一点儿书面答问训练，确保全体学生动脑、动手；适当穿插一点儿散读或齐读，让全体学生都有机会动口。

不少教师只喜欢让成绩好的学生回答问题或提出疑问，不愿意面向成绩中差的学生——既担心说不出答案或提不出问题影响教学进度，又害怕他们不愿意答问。根据调查，各种基础的学生都有答问的愿望，特别是基础差的学生，对教师是否提问自己特别敏感，认为提问是教师信任的表现，对教师提问时忽视他们的存在很有意见，要求一视同仁。偏爱会使提问艺术失去魅力。

7. 课堂提问要体现学法指导

课堂提问要在"把科学的教法转化为学生的学法"上下功夫，要研究怎样使学生学到手，教师提问的角度应有利于学生掌握学习方法，总结学习规律。

课堂提问的语言要求规范、简洁，语气要自然、亲切，语速要快慢适度。

8. 引导学生质疑

学贵有疑。"思"多是以"疑"为先导的，因此读书无疑者须教有疑，有疑者须教无疑。

"无疑—有疑—无疑"，学生在这种思维矛盾运动中，增智启能。

因此，课堂提问并不单独体现在教师问学生这一单向活动形式上，更多的是体现在教师激疑、学生质疑、师生共同析疑这种多向活动形式上，即课堂教学信息传递的形式由直线单向平面式，转为互相交叉的多向立体式，使教师与学生、学生与学生之间的信息传递畅通无阻，反馈及时，增加课堂信息量。这是提问的高层次要求。

当然，教师激疑，并不是放任自流，而应是放中有控、控中有序，教师应起引导作用。通过"激疑"巧取思维诱发点，引导学生联系课文开动脑筋，去发现问题、提出问题；通过"控疑"对学生的质疑做适当的调控或指向，使之不偏离目标；通过"存疑"将有价值的问题存留下来，将其巧妙纳入教学过程。

引导学生质疑要特别注重方法。刚开始时可让学生在课外准备好问题逐渐过渡到课内质疑。课内质疑必须给学生充分的时间，并让学生准备好问题后先在学习小组内交流答疑，再将优选的问题提交全班讨论。

9. 注重激励

一个学生的成绩＝激励 × 能力，根据这个公式可知，一个学生的成绩随着激励的增长而增长。在不断提高学生主体地位的基础上，教师如果善于引导、善于激励，对培养学生参与提问的积极性就能"更上一层楼"了。激励的方法很多，主要有以下几种。

成功激励——让学生获得成功。学生能够有效地提出问题，或教师所提问题经过自己的努力能作答，从而感受到成功的喜悦，增强学习的兴趣，从而更刻苦学习，更乐于参与提问。应当注意：问题太易或太难都会使提问失去激励的功能。

情感激励——引导学生学习时，教师要以真挚的爱心去关心他们、帮助他们。这种爱心是开启他们心灵之门的钥匙。当学生真正感受和体验到教师对自己的关心和爱护时，就会产生一种肯定的情感反应，从而乐于把教师的要求转化为自己的自觉行动，能积极地回答教师提出的问题或主动地提出疑问。如果师生关系不融洽，感情距离大，学生即使知道了问题的答案，也会不愿意回答教师提出的问题。

及时表扬——对学生的表扬越及时，效果越好，激励作用越大。在提问过程中要善于捕捉学生（尤其是后进生）身上的闪光点，及时恰当地加以肯定、赞扬；对于答错的学生，也应捕捉其答案外的某些"闪光点"，给予合适的表扬，从而保护学生参与提问的积极性。

期望激励——这是对学生寄以深切的期望而对学生产生激励作用的方法。著名的"罗森塔尔效应"说明，期望对学生的学习能产生积极的作用。这一规律提醒教师在与学生交往中，不仅要力求为学生创造学习成功的条件，而且在与学生交谈中，要有意暗示后进生在学习上也是很有发展前途的。在操作提问时，要视问题的难易程度，经常向不同层次的学生投以期待的目光。对于后进生来说，这种有意的间接传递的信息，会激励他们为实现教师的这种"期待"而刻意弥补自己在学习上的不足，更加努力，迎头赶上其他学习好的同学。

三、巧妙打破课堂提问的局

过去长期运用注入式进行课堂教学的教师，在刚参与操练时，对课堂上学生不参与提问活动颇感头痛。课堂上有时会出现这样的情景：教师把问题提出来或让学生提问题，学生没有反应。教师再说："请同学们大胆举手发言"，还是没有反应。另一种情况：提问后偶尔有几个人举手，多半是班上的课代表之类，多数同学仍是十分被动、反应冷淡。

于是，教师便把责任推到学生头上，说这些学生基础太差，没有独立思考能力，无能力回答教师的问题，等等。而领导或教研人员则指责教师无能，不会提问学生。

然而，教师对学生的指责是没有理由的。有这么一个案例，很能说明问题。

某个课题组有一次集中三所较偏远中学的语文教师到一所学校操练，同一个班有四位教师上课，其中一位是该班的科任陈老师，课前他反复强调，这些学生基础差、胆子小，上课是不敢举手发言的。陈老师和另外两位校本部的教师上课时果然气氛沉闷，学生反应冷淡。但是，当第四位来自偏远地区的一所中学的谢老师上课时，课堂仿佛涌入一股强劲的东风，学生的学习热情空前，课堂发言热烈，前后对比是两个截然不同的世界。为什么前后几位教师之间的差异会那么大呢？原因很简单，就是前三位教师对教学技能还非常陌生，而后一位教师的教学技能已经比较熟练了。课后陈老师再也不埋怨学生，开始对自己的教学行为进行反思。

需要着重强调的是，学生不举手发言，课堂气氛沉闷，学生反应冷淡，主要是由教师本人教学技能的不熟练造成的。当出现这种情况时，教师应对自己的课堂言行进行检讨，而不应该把责任推在学生身上。"没有教不会的学生，只有不会教的老师"，是很能说明这一问题的。

学生不愿举手回答问题或反应冷淡，有时并非学生不懂教师提出的问题，他们或者是看不起老师，不屑回答，有意要看教师的笑话；或者师生之间有较严重的感情障碍，造成学生的逆反心理；或者过去回答问题时受过教师的讽刺、挖苦或批评，已经失去了回答问题的兴趣、热情和信心；等等。当然，多数的情况是学生对所提问题不得要领，从而无从下手回答问题。凡此种种，都是教师没有熟练地掌握教学技能造成的。

要解决上述问题，最根本的办法是积极参与指导学生学习的能力训练，不断进行教学反思，逐渐提高自己的教学技能。

下面的一些比较简单和易于掌握的技巧也有助于刚处于转型期的教师逐渐打破课堂提问的僵局。

（1）适当降低问题的难度。

（2）让学生先书面回答问题，待有七八成的学生有了答案时，让完成问题的同学举手，然后从中选择几名学生回答问题，这有助于学生逐渐养成举手回答问题的习惯。

（3）提出问题后，让学生独立思考，学习小组讨论，最后让学习小组的代表回答问题。

（4）视学生的实际情况，给学生适当的准备时间。

（5）在学生独立思考、书面作业或讨论时不胡乱插话。

（6）精神饱满，面带微笑，用亲切、期待、信任的目光和学生的目光交流。

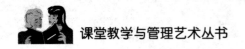

追问：引发学生深入思考

有这样一个故事：美国主持人林克莱特在访问一个小朋友时，问道："你将来想当什么？"小朋友说："我想当飞行员。"林克莱特又问："如果飞机在太平洋上飞行时，所有的引擎全部熄火了，那你该怎么办？"小朋友回答说："让所有的乘客系好安全带，我带着降落伞往下跳。"顿时，所有的人都被逗得哈哈大笑。林克莱特看着小朋友那悲伤的表情时，追问他怎么回事。小朋友回答道："我要回去拿汽油。"……若没有最后这一追问，这个小朋友留给别人的岂不永远是遗憾？

其实，如果课堂上我们也有这样的追问，那将会闪现多少精彩？

"追问"，顾名思义是追根究底地问，它是课堂教学中对话策略的组成部分。与一般提问不同，追问是一个相对完整的教学过程，是一连串提问的组合，是教师有系列、有方向、最终能促使学生自我寻找正确答案的提问。追问能够引发学生深入思考，引导学生针对某一具体问题进行多角度、多层面的分析与研究，提供展示思维过程的机会，培养学生的反思能力，提升学生的思维水平；追问有利于教师及时了解学生的学习过程和学习方法，以便调整教学策略，向学生提供具体的帮助和指导。所以，在动态的课堂教学过程中，"追问"无疑是促进学生学习、实现"有效学习"的重要的教学指导策略。有研究表明，高成效的教师更爱对正确回答了一个问题的学生提出另一个问题，以鼓励他进一步思考。因而对于一个成熟的有见地的教师而言，必须常常实施"追问"策略，以对学生主体学习过程进行有效控制，努力实现既定的教学目标。

"追问"的课堂教学调控功能主要体现在以下几个方面。

1. 让学生知其所以然

通常情况下，教师提出问题而学生作答且正确后，一个教学回合即告完成。但如果我们细想一下，学生对提问做出正确反应是否等于其真正理解了问题呢？这正确的背后存在两种可能：一是懂得并且正确理解；二是一知半解或侥幸答对。因此，在学生正确答问后再追问一句"为什么"是必要的，只有让学生答"其所以然"，才能真正了解其对问题内容理解的把握程度。再换一个角度看，该学生确实已牢固掌握了这一知识，这时对其他学生来说，教师的讲解没有该同学的讲解亲切、易懂、切合实际，于是对该生的追问事实上也是对全班同学的追问。随着问题的产生，在场学生往往都会做出相应的积极思考反应；随着该生答问的进行，在场学生也更易"渐入佳境"。

2. 让学生换个角度思考

由于知识、经验的局限，学生对问题的认识常表现出孤立、肤浅的思维特征，为此而进行的"追问"主要是帮助学生拓广思考的视角，从多个角度发散，在广阔的空间搜寻，从而有新的发现。

3. 让学生摸着过河的石头

停留在教学设计中的问题上，终究是教师"一厢情愿"的产物，任何一个熟悉了解学生的优秀教师都不可能将各个问题设计得切合学生。更何况许多时候，我们缺乏的恰恰是对学生的了解，因此问题与学生脱节在所难免。问题提出了，学生启而不发，问而无答，怎么办？除了通过让学生再熟悉内容以求得理解的全面深入外，通过追加问题——或降低难度或变换角度，不失为一种有效策略。

以调整为目标的"追问"，可以从设问所包容的前提问题入手，通过分解问题来降低难度，使学生顺着梯子登堂入室。还有一种情形，并不是设问本身难度大，而是问题提出的角度使学生觉得难以把握或难以作答，这时进行追问主要是调整变换问题的表述角度，提高可操作性的程度。

4. 让学生自识庐山面目

一般而言，学生希望从教师那里获得明确而及时的评价，教师对学生的回答做出即时的反应。对回答正确的学生，即时评价自不必说，而对回答不正确的学生，特别是对由于缺少知识或理解不深、不透、不细造成的失误，教师既不应给予草率评价，也不应忙着明确指出其错误，而应采取提供线索、放大错误等方式进行"追问"，以便让学生自己发现答问的疏漏，并自纠其错。

我们来看某教师教学《风景谈》片段。

师：《风景谈》谈的是风景吗？
生：谈了风景，但不仅是在谈风景，主要是在谈人，歌颂人的伟大。

师：既然主要歌颂人，为什么文章取名《风景谈》呢？作者为什么不像碧野先生在《天山景物记》里那样直抒胸臆？

生：因为当时的背景不允许。

师：当时的背景如何？

生：茅盾先生于 1940 年 5 月到 12 月访问过延安，亲眼看到了解放区军民的战斗生活，感受到他们的崇高精神，于年底写了这篇文章。为了能在国民党统治区发表，全篇从谈风景下笔，写得比较含蓄。而碧野先生写《天山景物记》是在解放以后，言论自由，歌颂共产党英明领导下边疆人民的幸福生活，用不着隐晦，自然可以直抒胸臆。

师（进一步启发）：那么，以景写人，这是一种什么写法？

生：借景抒情。

生：情景交融。

师：请举例——

生（用高昂的语调读）：这里是大自然最单调、平板的一面，然而加上了人的活动就完全改观，难道这不是"风景"吗？自然是伟大的，然而人类更伟大！

师：这的确是一道风景，而且是一道独特的风景，这是力量的沉积，是作者的心灵情感的迸发。那杆猩红的大旗红得如此热烈而彻底，红得如此让人感动，我们不禁高呼一声：风景这边独美！

师（稍停，指着黑板上"风景谈"三个字）：这篇文章的篇名揭示了时代背景，点明了写作特点，也凸显了主题。

案例中，教师设计了一个核心问题"《风景谈》谈的是风景吗"，然后围绕这一问题，又逐一深入地追问了"既然主要歌颂人，为什么文题取名《风景谈》呢""作者为什么不像碧野先生在《天山景物记》里那样直抒胸臆""当时的背景如何""那么，以景写人，这是一种什么写法"等四个问题，最终让学生自然地从课文中寻找到了答案。整个设计，不仅核心问题设计得准确、启发性强，而且每一个小问题也设计得自然、简洁，呈现出由表及里的层递性。这样，才有了学生思维流程的自然、流畅。

追问一般可以在以下情形中运用：①学生答问的语言表述含糊不明时，通过追问使学生表意明确；②学生答问的内容范围不准时，通过追问使学生的答问准确无误；③学生答问的思维深度不够时，运用追问使学生的答问深刻；④学生答问的内容过于简略、抽象时，运用追问使学生的答问具体、充分。

而如何设计追问内容？一方面要根据教学目标和教学重难点确定。追问要为落实教学目标和解决教学重难点服务。要在关键点上追问，无目的的追问和脱离教学内容的追问，实际上是浪费学习时间。另一方面要考虑学生的实际水平。追问内容难度要适宜，使问题贴近学生的"最近发展区"，从易到难，层层推进，激活学生的思维，让不同层次的学生都体会到成功的喜悦。

当然，追问绝不等同于"满堂问"，因为在"满堂问"的支配下，教师在课堂上连续提问，或是非问，或选择问，或填空问，或自问自答，学生则或习惯性地举手，仓促地回答问题，或置之不理，保持沉默。而对于学生的回答，教师也只简单地肯定、否定，或不置可否，然后自己补充讲解，再提出问题……这种"满堂问"的教学，表面看去，学生似乎是在主动学习，但其实质仍然是以教师为中心，教师预设好结论，然后千方百计引导学生猜测，并以预先设定好的答案为最终目标，以此锁定学生的思维。这种"满堂问"的教学方式，其实仍然是一方强迫灌输，一方消极接受的方式，与新课程中平等对话的理念是背道而驰的。

在运用追问这种教学艺术时，我们要注意以下几点：首先，学生是学习的主体，教师的提问只是帮助学生去获得理解，而避免提供现成答案；其次，教师只有在学生产生需要时才进行提问，正所谓"不愤不启，不悱不发"；最后，在追问的过程中，教师所提出的问题一定要有价值，能促进学生积极思考，寻求答案。

导答：在循循善诱中进行

在课堂教学中，教师提出问题，让学生回答，需要教师导答。导答，就是要启发诱导学生回答。《学记》中说："君子之教，喻也。道而弗牵，强而弗抑，开而弗达。""喻"，就是强调教学重在启发诱导，不要越俎代疱。孔子很善于诱导。他的学生颜回说："夫子循循然善诱人。"为了不让课堂出现冷场，教师在课堂教学中要有问有导，善于引导，掌握导答技巧，启发学生独立思考。

我们来看下面这个案例。

篱笆——把平常围出了神奇

期末复习时，我出了几道应用题，其中一道是：

一个篱笆正好围出一个长9米、宽6米的长方形菜地，如果用它围出一个最大的正方形菜地，这个正方形的边长是多少米？

当我评讲这道题时，一幕幕意想不到的情境让我目瞪口呆。

生1：应该先求出长方形的周长 $(9+6) \times 2=30$（米），就是篱笆的总长，也就是围成的正方形的周长是30米，再用 $30÷4=7.5$（米）。

众生：对，对。

生2：老师，我是这样做的：$(9+6)÷2=7.5$（米），对吗？

我心里想：对呀，我怎么没想到呢？

师：同学们，你们认为怎样？

生2：不对，哪有这么简单？

师：真的不对吗？再想想，看哪个小精灵最先想到。

生3：我认为是对的，但说不清楚为什么？

生2：我自己说。我认为是对的。因为长方形和正方形的周长相等，只要把长方形的长和宽变成同样长，长方形就成了正方形。所以，我用长加宽的和再除以2，就把长和宽变成同样长了，也就是正方形的边长了。

（这时，我和全班同学一起用最热烈的掌声表示了对他的赞赏。）

师：还有疑问吗？

（本想了解还有没有学生不懂的地方，可这时意外发生了。）

生4：老师，我有问题。

（我一看，是他？这个小家伙最爱出风头，常常提一些稀奇古怪的问题。）

师：又有什么新发现，说来听听。

生4：如果篱笆有一边是靠墙的，这个正方形的边长还是7.5米吗？

一石激起千层浪。

"是啊，是啊。"

"题中没有这个条件，怎么能这样做呢？"

"也没有说不能靠墙啊？"

（教室里像炸开的锅，在大家争得脸红耳赤之际，我忽然意识到：这不正是数学教学企盼出现的结果吗？何不趁势抓住这一难得的教学契机，最大限度地挖掘和利用这一来自学生的创新资源呢？）

师：同学们，刚才生4同学提得很好，老师都没有想到。让我们一起来探讨探讨，怎么样？

"好！"几乎异口同声。

师：大家先思考一下，然后四人小组讨论。

看到学生们那兴奋的样子，我终于明白"问题是开启创新之门的钥匙"这句话的真正含义。

师：生4同学提出的问题你们组先说说吧。

生4：如果篱笆一边靠墙，那么篱笆的总长就是9+6+6=21（米），正方形的边长就是21÷3=7（米）。

师：正方形有4条边相等，怎么是21÷3呢？（师假装不懂）

生5：我来补充。因为围成的长方形有一边靠墙，所以正方形有一边也该靠墙，只有三边是篱笆。

师：真棒，还有吗？

生6：我们组是这样做的，如果是长方形的短边靠墙的话，那么篱笆总长就是9+9+6=24（米），正方形的边长就是24÷3=8（米）。

师：真了不起，考虑得真周到。

生7：还有，我们组是这样做的：9+6=15（米）15÷2=7.5（米）。

我又是一惊，学生的创造力真的了不起。

师：不明白。你和前面那个同学的做法不一样吗？

生7：答案的确一样，但我们的思路不一样。如果长方形有两边靠墙，篱笆总长就是9+6=15（米），正方形也只有两边才是篱笆，所以正方形的边长是15÷2=7.5（米）。

师：太精彩了。现在老师也想到了，如果篱笆三边都靠墙，正方形的边长就是9+6=15（米），你们认为怎样？

（许多同学点头称是。）

生4：不对。

众学生：为什么？

生4：如果三边都靠墙的话，篱笆就只能围一边了，这和条件中篱笆有长有宽矛盾了。

师：真是太好了。学生们，今天这些问题老师的确没有想到，你们真是了不起，为我们自己鼓掌吧！

教学艺术精湛的教师能从一个合适的话题中引出一个非常有挖掘价值的教学资源。本片断中的话题是由一个爱出风头的学生引出来的，其探究、解决问题的过程正体现了老师高超的导答艺术。

由于学生从经验中知道，篱笆围地往往会出现各种情况：全围、三方围、两方围，当然也包括一边围的情况。本例在解决问题的同时，学生要根据自己的想象，把各种情况设想出来加以分析解决，正好符合解决问题的基本思路：从多角度和多策略思考，用多方法和多手段解决。不过，教师一定要引导得法。

"同学们，你们认为怎样？"教师把问题由个人一家之言引向集体争鸣。

"真的不对吗？再想想，看哪个小精灵最先想到。"教师巧妙地把话题引向了纵深探讨，激发了学生发言的欲望。

接着，在一句看似平常的习惯性问话"还有疑问吗"的触发下，把一个已经使用了多种方法解决问题的话题，转到对于需要解决的问题本身进行研究。

教师一句"又有什么新发现，说来听听"把学生引向求异。

"太精彩了。现在老师也想到了。如果篱笆三边都靠墙，正方形的边长就是9+6=15（米），你们认为怎样？"教师故意出错，把问题引向深入。

整个案例在教师与学生、学生与学生巧妙的对话中，教师延迟评价、巧妙肯定，把一个简单问题活化了。这就是导答的艺术，这就是艺术的教学。可见，善于提问，是教师教学艺术的主要表现之一；善于引导学生回答问题，也是教师教学艺术的重要组成因素。

　　根据教师多年积累的教学经验，课堂教学中教师常运用以下一些方法来引导、提示学生回答问题。

　　1. 分解难度法

　　这是课堂教学中最常用的方法。有时教师课前并未充分了解学生掌握知识水平的程度，提出的问题过大，学生不容易回答。教师发现后，可化大为小、化整为零，把一个大问题分解成几个小问题来引导学生回答。例如，有位教师讲到《群英会蒋干中计》时，问："周瑜是怎样巧施妙计的？蒋干是如何步步中计的？"学生一时答不出来。教师知道，问题过大了，于是马上将这个问题分解成几个小问题：①周瑜是如何制止蒋干说降的？②周瑜是如何引诱蒋干中计的？③周瑜、蒋干的表现分别怎样？引导学生分析，学生很快找出了问题的答案，大问题自然也就解决了。

　　2. 定向点拨法

　　"定向"，确定的方向、目标；"点拨"，指点、启发、开导。定向点拨就是教师作为"指路人""引导人"，让学生的思路、回答朝向教师要求的目标发展。教师的要求确定了的方向，就是提问前已设计好的该问题的答案，或者叫正确结论。在课堂教学中，教师对自己的提问，事先应准备好一个明确的答案，并预测学生可能有几种回答，怎样给以引导评价。学生回答教师的提问，要紧紧围绕着问题，对东拉西扯、节外生枝、离题较远的回答，教师要定向引导、及时点拨，帮助学生走出思维误区，得到正确的结论。例如，讲到"植物的果实"一课，教师拿起一个苹果和一个梨，问道："为什么都叫它果实呢？"一个学生回答："都能吃。""能吃，对。但不一定所有的果实都能吃"，教师启发诱导说。"都是树上长的"，又有一个同学说。"但不是所有的果实都长在树上，花草也有果实"，教师说。……"都有核"，一个学生突然想起，脱口而出。……该教师通过一次次的启发点拨，使学生一步一步地朝向正确结论："是不是果实，主要看里面有没有种子。"

　　3. 由此及彼法

　　在课堂教学中，学生回答教师的提问，常常会出现答非所问的现象。

这表明学生对所提问题还不明白，要求教师善用由此及彼、联系迁移的方法，引导学生把解决此问题的知识、方法或思路，用于解决彼问题，使学生温故知新、触类旁通。例如，一位教师讲"假分数""最简分数"的概念后，让学生举出几个最简分数来。一个学生回答说："$\frac{3}{2}$是最简分数。"有的说："$\frac{3}{2}$是假分数，不是最简分数。"还有的反驳说："$\frac{3}{2}$的分子、分母是互质数，应是最简分数。"这成了个有争议的问题。于是，这位教师便拿出一支红粉笔和一支白粉笔，一张红纸和一张白纸。先把红色的东西放一起，白色的东西放一起，后又把粉笔放一起，纸放一起，问学生："同是一支粉笔、一张纸，为什么前后两次的放法各不相同呢？"这位教师巧妙地用了由此及彼、联系迁移的方法，把学生的思路迁移到先前的问题上，很容易地就得出了结论：按假分数的定义，$\frac{3}{2}$是假分数；按最简分数的定义，$\frac{3}{2}$又是最简分数。

4. 激将鼓励法

"激将"即用刺激性或反面的话鼓动人去做原来不愿做或不敢做的事。在课堂教学中，教师提出问题让学生回答，这是一件动脑思考的事。可有一部分学生不善动脑，不愿回答或不敢回答。教师一问就"冷场"。有的学生把头低得低低的，唯恐叫到自己；有的学生目光不敢与教师的目光对视；还有的学生不好意思举手回答，怕回答错了遭老师、同学耻笑；有的学生勉强站起来，低头弯腰，声音含糊。遇到这样的情况，教师要善于激将，向学生挑"战"，鼓励他们大胆地回答问题。可以说一些期待、信任的目光，暗示学生"你能行"；可以用热情诚恳的话语："我相信，我们班同学能回答出来这个问题。""这个问题就难住我们了？谁敢站起来试一试？""谁能站在台前给大家讲一讲。"对于学生的回答，教师要尽量鼓励他们用自己的话，说出自己独到的见解；让他们放大胆量，不要理睬说错了别人会耻笑，要增强学生的信心。"你们还是学生，把'丑'出在家里，没问题！"对于个别学生的回答，教师还要鼓励其他学生补充、校正。"挑战"就是故意激励对方，鼓励对方跟自己辩论、探讨，在相互争论中得出结论。

5. 直观提示或表情示意法

在课堂教学中，学生回答问题遇到障碍，想说说不出，有时说出来的又不是自己想要回答的。教师应针对这种情况，运用直观手段提示，也可用眼神、手势、动作、比喻等进行必要的暗示、提醒，这样可充分展开学生的想象。例如，一位教师教"分子运动论"时，问："一瓶酒精和一瓶水混合后够不够两瓶？"学生一时显得很惊奇，道理也不大想得通。这位教师就打了个比方："一斗芝麻和一斗黄豆倒在一起有二斗吗？"学生立刻恍然大悟。又如，《小小的船》一课，开头是"弯弯的月儿小小的船"，学生似懂非懂。教师提问："这句话既讲了月儿又讲了小船，到底讲的是什么？"话音刚落，顿时全班鸦雀无声，个个皱起了眉头。这时候，教师打开了幻灯，屏幕上出现了一个晴朗的夜空，有个孩子坐在弯弯的月儿上，手摇双桨划动着。学生仔细观察着，脸上露出了笑容……

6. 故意出错法

即在学生答问都不积极主动的情况下，教师故意说出一个错误的答案，有意挑起"战火"，诱导学生抢答。例如，讲到《为了忘却的纪念》一课时，有位教师问课文标题是个什么短语结构，学生沉默不语，于是教师道："其实，我根本没有必要问大家这样一个十分简单的问题，因为我知道，标题是一个介宾短语。"话音刚落，教室就骚动起来，很多学生站起来纠正教师的"错误"。一个错误使得学生张开了嘴巴。

7. 温故知新法

即在教师提出问题、学生毫无发言的意向后，教师适度地提供旧知识，引起学生联想，让他们迅速地以旧推新、温故知新，从而顺利地完成答问。例如，有位教师讲到《警察与赞美诗》一课时，问："苏比是怎样的一个人？作家对他的态度应该是怎样的？"学生不语，于是教师说道："如果拿阿Q和苏比做一下比较，两人有什么相同之处呢？"学生立即回想并讨论，分析出苏比和阿Q至少有三方面相同之处：有着畸形的心理，有着"低俗"的目的，有着悲惨的结局。从而较完整地把握苏比的形象：既游手好闲，又良心未泯，是一个心理和行为反常的流浪汉；无论就苏比的遭遇而言或就其心理而言，都是为了讽刺揭露资本主义的社会现实；对这个人的态度，应该是"哀其不幸，怒其不争"。

当然，导答的方法很多，这里就不一一列举了。教师应根据课堂教学情境，因势利导，见机行事。这是优化课堂教学、提高教学质量的重要方面，不可低估，不容忽视。教师要认真学习、研究，努力提高自己的导答艺术，从而达到教学效果的最优化。

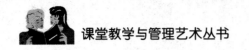

举例：让课堂趣味横生

举例，是指教师通过口语、文字、音像等教学手段，列举社会生活、自然界等各方面的实际事例，进行分析、说明、解释和论证。举例既能使课堂教学生动活泼、趣味横生，又能提高教学效果。

我们来看下面这个教学案例。

李双元是知名国际法学教授，毕业于武汉大学法律系，现为武汉大学法学院教授，湖南师范大学终身教授，博士生导师。

法学本是一门枯燥的学科，但李双元的法学课非但不枯燥，简直可以说太有趣了！这是所有学生听李双元老师讲课后最大的感触。

比如讲授"合同担保"一课时，李双元老师用通俗易懂的语言讲解完了有关要点后，话题突然一转，说："下面，请大家看一个案例。

"1999年12月29日，陈某和李某收购一车生猪，请罗某运到某市销售，卖得猪款59 250元。返回时，陈某将卖猪款藏于货车卧铺底下，但未告之罗某。到家后，陈某发现车卧铺底下的卖猪款不见了，即向公安机关报案，公安机关认为证据不足，未予立案。二人经当地干部调解，签订了一份承担卖猪款损失的协议，协议约定：卖猪款丢失的责任，由陈某承担30 000元，李某承担19 250元，罗某承担10 000元的损失。协议签订后，罗某反悔，认为自己不应该承担卖猪款丢失的责任，陈某遂诉至法院。

"法院经审理认为，原告陈某将卖猪款藏放于被告罗某车上，但并未向被告告知此事，因而被告不负有保管卖猪款的义务，对卖猪款的丢失不负任何赔偿责任，故原、被告之间签订的协议显失公平，属无效协议。据此，法院遂判决驳回原告的诉讼请求。"

"好了，请大家分析一下，法院是根据合同法第几条作出裁定的？"

台下的学生立即琢磨刚才讲过的有关合同法条例，第几条呢？

几分钟后，有学生举手说："这是根据合同法第五十四条规定，在订立合同时显失公平的，当事人一方有权请求人民法院或者仲裁机构变更或者撤销。"

"回答正确，你为老百姓主持公道，老百姓会感谢你的。"李双元老师风趣地来了一句。

闻听此言，台下笑声阵阵，"老师，再举一个例子吧。""老师，可以举个复杂点的例子。"

"好，这个例子是有关空白合同的问题，同学们可要小心，毕业时找工作可不要和用人单位签'空白合同'啊。"

在学生的笑声中，李双元老师开始了空白合同实例的讲解。

李双元老师上课的高明之处在于很巧妙地用生动的案例调动了学生的积极性，充分发挥了学生的主动性。

李双元老师的课，总缺不了嘴角扬起的笑容，眼角溢出的愉悦……这样的课，还有几个学生能"忍心"放过听他讲课的好机会而去与"周公"对话呢？

那么，教师该怎样提高自己的举例艺术呢？

一、要培养自己的举例能力

教师要想在课堂教学中将例子运用自如，关键在于平时的积累和搜集。教师应主动地、有意识地去寻觅生活中的典型事例，多读书，多看资料。重视平时搜集和积累在课堂教学中有非常重要的作用：一是平时准备充分，例子的来源充足，上课需要举例时所能够选择的余地就大，能比较容易地找到与教学内容密切相关的例子；二是平时积累得多，就可以分门别类地加以整理，教学举例时就能够使针对性更强。除把现成例子原封不动地加以运用外，还应当根据具体教学内容的需要有所侧重，必要时可进行适当的加工改造，这样它的效用就能大大提高。

二、举例要富有创造性

实现举例的创造性要从以下几个方面着手。

1. 教师要努力增强自身的创造意识

因为创造意识很强的人，不会安于现状、盲目从众，而是勇于进取、乐于改革。有了这种创造意识，才能对教育方面的新信息、新例子有一种迫切获得的强烈愿望和冲动，才能主动地充实自己，才有可能使每堂课充满新意、气氛活跃，从而提高教学质量。

2.教师要提高对教育信息的分辨和鉴赏能力

教学中的很多例子是从各种各样的信息中筛选出来的。在复杂的信息中，有正确的、错误的及是非难辨的信息；有真信息、假信息及真假参半的信息；有善信息、恶信息及善恶难解的信息。在众多的信息中，要能迅速地辨清哪些信息可以作为例子使用，哪些信息不能作为例子使用，就必须不断提高对信息的分辨和鉴赏能力。

3.教师要对选取的例子进行加工改造

首先要多方面地搜集例子，各种报纸、杂志上能够用于课堂教学的信息，都要仔细阅读分析。有条件的还可以利用多媒体教学手段，现场拍摄、转录，制作一些直观性强的例子，然后再进行加工改造。所谓加工改造，要根据教学的具体情况，认真推敲、比较，抓住核心和精华部分，去掉次要的对课堂教学意义不大的部分。如果有足够的精力，也可以把看到的好的例子记录下来，等到真正用的时候，就有足够的资料可供挑选。通过不断积累，例子就会越来越丰富，讲课时就能信手拈来，使课堂教学丰富多彩。

三、要适合学生的接受水平，力求通俗易懂

要从学生的知识水平、理解能力、生活经历等出发，选用学生容易观察、便于想象的例子，或者亲身经历的事情。这样的例子可感性强，易于理解和接受。所举事例要浅显、贴切、自然，富有生活气息，语言要生动、幽默，这样才易于促进学生对知识的理解，才易于集中学生的注意力。若举例用词艰涩，尽管教师可能讲得很卖力，学生还是不知所云，这既浪费时间，又达不到预期目的。

四、要恰当、确切，具有典型性和说服力

若所举事例在同类事物中具有代表性，则对学生理解观点具有普遍指导意义。即所举事例既要能较全面、清晰地感知事物的形象和基本属性，便于学生准确与加深理解观点的实质，又要能启发学生思维，提高学生分析、解决问题的能力，达到举一反三、迁移知识的效果与目的。可以是有直接针对性的一个理论概念的具体对应物，或是具有类似价值的客观事物，也可以是反例。不论哪种例子，都要注意与教学内容有内在联系，能典型地反映出问题的要害和事物的规律。举例要尊重客观事实，

具有科学依据，并且原理正确，说服力强。

举例要精确。这包括：一是所举事例要言简而意赅，能把握住事与理之间的本质联系，事理贯通，既可使理论具体化，加深学生对理论的理解，又可使学生将具体的事例升华为理论。二是要明确事例所能反映、说明观点的范围、条件、程度及其局限性，防止对事例分析走向极端化、片面化，造成分析不当，误导学生。三是所选事例与观点的本质精神要一致，不能牵强附会。

举例要适当。讲课不能没有例子，但也不能一下子举许多例子。课堂教学的一个重要目的是向学生传授知识（另一个目的是提高学生的学习能力和发展他们的智力），而举例仅是一种让学生更快、更好地理解和掌握教学内容的手段，不能"喧宾夺主"。否则一堂课下来，学生的头脑里充满了许多具体的例子，而对应该掌握的教学内容反而不能留下较为深刻的印象。

举例要贴切。有些例子应不举或少举，与教学内容无关的例子，无论它们如何生动、形象，一概不能举；与教学内容虽有关系但联系不太密切的例子尽可能不举，即使要举也要简洁些，只能"点"到为止。要举就应该举与教学内容密切相关的例子。这"密切相关"有两层含义：一是教学内容必须要举一些例子不可，不然学生很难理解；二是这个例子最能说明要求学生掌握的知识，换成其他例子均收不到这样好的效果。

五、要生动具体，富有趣味

所举例子形式要新颖，内容要形象、具体、生动，可感性要强，表述要言简意赅、通俗易懂，使例子的形式、内容、表述都具有较强的感染力。课堂举例内容要具体生动，形象鲜明、有新奇感，语言要有幽默感，形式要不拘一格，富有新鲜感且能激起学生的学习欲望。但要防止为"趣"而设"趣"，勿使学生陷入"看热闹""听热闹"的状态。

六、要举内容真实、具有时代特征的事例

举例的前提是例子要真实。只有真实的例子才有较强的说服力，而杜撰的例子，即便编得天衣无缝，也不应该用来说明问题，因为一旦露了马脚，便会使学生产生逆反心理，影响教学效果。这是举例科学性原

则的基本要求之一。教师所举事例，无论是大的还是小的，也不管是国内的还是国外的，是远古的还是近现代的，都要确有其人其事，并且不能过分夸大或过分贬抑。若胡编乱造，或言过其实，不仅会影响学生对教材内容的正确理解，还会使学生产生逆反心理。教师举例要选那些既能说明与论证基本观点是正确的，又能使学生真正从思想认识上信服并接受的材料。因此，一要选择离学生生活近的新鲜的现实材料；二要选择符合学生认知特点的材料；三是所选材料必须具有真实性，切忌胡编乱造。总之，不能有科学性、政治性、常识性、史实性的错误。举例不但要真实，而且要准确无误，不能含糊不清。对于想运用的例子，如果只是记得大致轮廓，记不得细节，那么宁可不用也不要想当然地随机发挥。否则，真真假假，虚虚实实，就会以讹传讹。

当代学生见多识广，信息来源渠道多。这种情况决定了教师不宜选用众所周知的事情作例子，而是要广泛涉猎各种报刊资料，从中挑选那些具有时代气息的新颖例子。陈旧单调的例子不易吸引学生，具有时代感、新鲜感的事例，可以使学生倍感亲切。相反，如果总是重复学生已经十分熟悉的例子，不仅调动不起学生学习的积极性，还会干扰教学进程。

七、要掌握举例的方法

1. 导入式举例

导入式举例指教师把事先设计好的事例在讲新课前举出，使学生注意力、思维力集中到事例上，并产生渴望解答的状态，由此把学生带入学习新课知识的氛围。例如，讲"资本主义民主是资产阶级民主"时，教师可先举这样一个例子：英国有个海德公园，这里是西方公认的最民主的地方，谁都可以在那里发表演说，自由地介绍自己的政见，而听众也是愿听就听，不愿听就走。但在那里有两类话不能说，一是打倒女皇政府，二是暴力革命万岁。如果谁违反这个规定，马上就会被便衣警察抓起来治罪。讲完事例之后，向学生设问：为什么在西方公认的最民主的地方也"不能讲那两类话"？从"不能讲那两类话"中，我们可以得到什么启发？在让学生思考或讨论片刻之后，教师引渡导人新课："接下来我们通过学习新课内容，就会明白这是怎么同事了……"

这种举例目的有二：一是集中学生注意力，组织好课堂教学秩序。

二是激发学生探究心理，使其进入学习新知识的角色。教师运用时必须把握新奇性、悬念性、引导性三大特点。

2. 解释式举例

解释式举例指教师在课堂教学中，对比较深奥抽象的概念、原理及其相互关系等,运用通俗易懂、生动具体的事例来帮助学生澄清模糊认识，厘清思路，从而理解、消化知识。例如，讲我国为什么不能照搬西方国家多党制时，教师可举这样一个典故"橘生淮南则为橘，生于淮北则为枳，叶徒相似，其实味不同。所以然者何？水土异也"来帮助学生理解这一问题。我国不能实行西方的多党制，是因为我国不具备西方多党制的"土壤、水分和气候"，即"水土异也"。西方多党制不符合我国国情，如硬要"移"过来，将会变成"枳"，又"苦"又"涩"，人民将要吃"苦"尝"涩"。用这样的事例解释、说明、分析，学生比较信服。

教师运用这种举例方法进行教学，必须把握点拨性、解释性、分析性、化解性、启发性五大特点，才能产生"举一反三"的教学效果。

3. 论证式举例

论证式举例指教师在课堂教学中，列举一个或多个实例来说明证实某个观点的正确性或方法论意义，使学生对这一观点懂、信、用的一种教学方法。例如，为了提高学生对"国际关系"问题的重要性认识，教师可举我国春秋时代虞与虢两国之间"唇亡齿寒"的典故，说明有着紧密关系的国家或集团之间，必须相互依靠和相互支援才能共存。由此论证说明国际关系的现状,认清当今世界的主题，明确我国在国际上的地位、作用和责任。

论证式举例不同于解释式举例，后者主要目的在于帮助学生理解"观点"本身的含义是什么，前者主要目的在于为"观点"提供依据和事实。因此，教师运用论证式举例必须把握论据性、说明性、真实性三大特点。

4. 比喻式举例

比喻式举例指教师拿与新知识不同，但又与新知识有某种联系且通俗易懂的事理打比方，来解释说明新知识的一种教学方法。例如，讲"宗教的本质"时，学生对"宗教的本质"是客观事物在人脑中对客观世界虚幻的、歪曲的反映一般是不太容易理解的，认为既然是虚幻的、歪曲的反映，怎么又能对客观世界反映呢。教师可举一个"哈哈镜照人"的事例进行说明。虽然哈哈镜歪曲了人的形象，使人产生错觉、幻觉，但毕竟是对人这一客观事物的反映。宗教就像哈哈镜照人一样，虽然在人脑中歪曲了客观世界，但它毕竟也是对客观世界的反映。通过这样的比喻，学生对宗教的本质理解就会深刻了。

这种举例教学的目的是，要把被认知的知识内容通过生动形象，甚至幽默有趣的事理表现出来，使学生容易理解和接受。教师运用这种举例时，必须把握可比性、相通性、形象性、合理性、逻辑性五大特点。

5. 结语式举例

结语式举例指教师在课堂教学中，当讲完某一问题或在整节课结尾时，用某一事例来总结对这一问题的讲授或结束这一节课教学的一种教学方法。例如，讲"政治的科学含义"时，教师在讲授完"政治的核心问题是国家政权问题"之后，可举这样一个事例来总结和提高学生对该问题的认识：1905 年 10 月，沙皇统治下的俄国，爆发了总政治罢工，全国各地建立了许多工人、士兵或工农代表的苏维埃组织，各地工人准备武装起义，整个俄国沸腾起来了。面对此起彼伏的革命浪潮，沙皇尼古拉·罗曼诺夫发布一个"诏书"说："你们要言论、集会、出版、结社、人身等自由权利，你们要什么，我就答应什么。不过请你们保留我的权利。除了国家政权，一切我都给予。"列宁当时就一针见血地指出："除了政权，一切都是幻影。"这个事例中沙皇的"诏书"和列宁的话充分说明了什么？通过这样的一举一问，就会对学生起到深化理解、巩固所学知识的作用，提高学生分析、解决实际问题的能力，达到提高教学效率的目的。教师用这种方法举例，必须把握归纳性、应用性、综合性三大特点。

八、提高举例技巧

1. 举例要有主有次

在教学中，教师所举的例子都是为了证明或说明有关的知识、原理。事例是辅助，知识、能力是关键。如果从头到尾叙述一个例子，描述一个故事，而不加以深入的分析，缺乏严密的论证，那么即使故事叙述得再生动、感人，也起不到应有的作用。因为讲故事是为了说明理论的，重要的是故事里蕴含的道理。所以，举例的着眼点应放在提高学生的能力上，要尽量选择能够多角度、多层次说明问题的例子，引导学生去做具体分析，从而帮助学生举一反三，用所学到的理论原理去剖析社会生活的各种现象，提高他们分析问题和解决问题的能力，加强其对所学知识的理解。

2. 举例要结合远近

由于时间、地域的差异，学生往往会对某一事物产生不同的印象，这种时空差异的表现，即远近关系。如果课堂举例舍近求远，大讲外国、外地或古代的例子，容易使学生产生"可望而不可及"的感觉；倘若只运用身边、近期的例子，又容易使学生觉得缺乏典型性，引不起共鸣，没有吸引力，味同嚼蜡。所以，举例时远近相交最为理想，既要有典型性，又要富有现实感，这样才能使学生产生强烈的共鸣，收到良好的效果。

3. 举例要正反互补

例子有正面的，也有反面的，尽管它们的表现形式不同，但只要运用得当，都能发挥其良好的教育作用。正面的例子能激励学生积极进取，反面的例子可以为学生鸣响警钟。在教学过程中，教师应充分注意二者的互补作用，把正面例子的激励作用和反面例子的教育作用充分结合起来。当然，运用反面例子的时候，不要因害怕它的"副作用"而大打"预防针"，减弱学生的好奇心；也不能为了满足学生猎奇心理而大肆渲染，引起不良效果。

4. 举例要情理交融

举例要和课堂教学中所讲的原理贴切，教师在举例时还要注意语言的感染力，用生动有趣的语言激发学生的积极性，提高学生的注意力。同时，运用富有哲理的格言警句，来阐述抽象的思想观点和理论原理，以达到情理结合，增加教学的趣味性。这样，既可以加深学生对理论的理解，又可以提高学生的审美情趣。

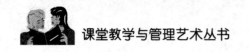

故事：拉近学生与课本的距离

说起故事，我们再熟悉不过了。

每个人的童年就是由许许多多的故事连接起来的，甚至可以说，你脑海中的故事史就是你的成长史。

心理学研究材料表明：普通中学的初中生爱听故事的占95％以上，高中生占85％以上，而在大学生当中这个比例也高于60％。

那么小学生呢？他们爱听故事吗？

恐怕没有一个人敢说"不"。要知道，一个引人入胜的故事会带给我们很多欢乐和笑声。很多人都是在欢乐中学会成长，在笑声中得到启迪。

可是，为什么会有那么多教师，当他们一站到讲台上，就牢记自己的"职责"，尽心尽力讲解问题，指导作业，却把故事这个教学助手忘到了脑后呢？

也许你会说，讲故事那是给小孩子上课才用的，大孩子的课堂时间原本不够用，再讲故事，这堂课还能上得好吗？

其实不然，听故事是没有年龄之分的，学生无论大小，都不会拒绝故事的趣味。有经验的教师，很善于在讲课过程中穿插故事，通过一个个小故事，营造生动有趣的课堂气氛，来激发学生的好奇心和求知欲。而学生一旦有了好奇心，就会产生追根究底的念头，就会积极地、执著地去探索。这样一来，教学效果往往会出奇得好。

我们来看著名特级教师韩军的《登高》课堂节选。

师：同学们愿意听电影故事吗？

生：愿意！

师：不过，这不是一个欢乐的故事，而是一个凄楚悲凉的故事。听了，心情会很沉重。

我还给大家提个要求，因为是电影故事，请大家边听边在脑海中把这个故事幻化成电影画面，我相信大家都是杰出的"电影摄影师"，一定能够在大脑中构想出场景逼真的画面，而且每个人都能够身临其境。能做到吗？

生：能！

师：我开始讲述。（语调低沉，语速缓慢，满怀感情）1200多年前的一个秋天，九月初九重阳节前后。夔州，长江边。大风凛冽地吹，吹得江边万木凋零。漫山遍地满是衰败、枯黄的树叶。江水滚滚翻腾，急剧地向前冲击。凄冷地风中，有几只孤鸟在盘旋。——这时，一位老人朝山上走来。他衣衫褴褛，老眼浑浊，蓬头垢面。老人步履蹒跚，跌跌撞撞。他已经满身疾病，有肺病、疟疾、风痹，而且已经"右臂偏枯耳半聋"。

重阳节，是登高祈求长寿的节日。可是，这位老人，一生坎坷，穷困潦倒，似乎已经走到了生命的冬季。而且，此时国家正处在战乱之中，他远离家乡，孤独地一个人在外漂泊。

面对万里江天，面对孤独的飞鸟，面对衰败的枯树，老人百感千愁涌上心头……

（放音乐《二泉映月》）

师：（在乐声中满怀深情地朗诵）

风急天高猿啸哀，渚清沙白鸟飞回。

无边落木萧萧下，不尽长江滚滚来。

万里悲秋常作客，百年多病独登台。

艰难苦恨繁霜鬓，潦倒新停浊酒杯。

（课堂中气氛凝重，有些学生流下泪来）

师：这个老人是谁呀？

生：是杜甫。

某生：老师，请您再朗诵一遍吧！（她红着脸，噙着眼泪）

（全体学生都应声附和）

诗歌难学难教，难就难在其"言有尽而意无穷"。要从凝练的语言中品味出诗歌的意蕴主旨，就必须对诗歌的意象进行巧妙精当的解析。许多教师在讲解诗歌时，往往先读诗，然后再讲解翻译，让学生对照翻译理解诗歌。韩军老师别出心裁，他一上课就沉重地讲起了"电影故事"，并"请大家边听边在脑海中把这个故事幻化成电影画面"，《登高》中的画面意象通过有声语言的提示跨越了时空界限呈现在大家的想象世界里。这样做使大家还未接触诗歌，就初步了解了诗歌内容，为大家进一步学习全诗做了形象上的预设和情感上的铺垫。从内容上讲，"电影故事"相当于诗歌翻译，但它先入为主的设计安排，与一般教学流程相比，显得更新颖、更生动、更有效益。

我们再来看另外一个教学案例。

江西省新余市某中学的骨干教师龚正清老师在学生眼里是一个很有趣的老师。上他的课，有的时候分不清楚这到底是中学生在上化学课还是小学生在听老师"讲故事"。

讲到元素"铍"时，他说："大家都看过《西游记》吧？还记不记得里边的那个女儿国呢？"

"记得。"

台下的学生兴趣盎然。没想到龚老师居然对"女儿国"感兴趣？他想说明什么问题？这个故事和化学有什么关系？

"《西游记》里唐僧一行西去取经路过女儿国，那个国家只有女的没有男的，对吗？当然了，这只是一个神话故事。不过，现实中还确实有一种化学元素，会影响人们生儿育女。"

学生们一听更加奇怪，不会吧，居然能影响人们生儿育女？这是什么元素？

于是，台下的学生争先发问：

"真的？"

"是什么？"

"老师，快告诉我们吧！"

龚老师呵呵笑着，慢条斯理地说："我先给大家讲一个故事。

曾经，在一个山区村寨里，数前年连续生的都是女孩，人们急了，照这样下去，这个地区岂不会变成女儿国了吗？

村民们想了各种办法，却不见一点儿效果。有位村民说这是很早以前地质队在后龙山寻矿造成的。

于是，村民千方百计地找到了原来在他们山里探过矿的地质队。

地质队队长一听，不可能的事啊？为了'洗脱罪名'，他带领队员们又回到了这个山寨，进行了深入的调查，终于找出了原因。

原来地质队在探矿的时候，钻机把地下含有铍的泉水引了出来，扩散了铍的污染，使饮用水中铍的含量大为提高，长时间饮用这种水，会导致生女而不生男。经过治理，情况得到了好转，在'女儿国'里有男孩出生了。"

故事讲完了，学生们还回味着这个有趣的故事。

龚老师话题一转："现在我们开始介绍铍的基本性质，然后大家再结合故事分析一下铍的性质。"

于是，在引人入胜的故事中，台下的学生又开始了对铍的讨论。

见多了千篇一律、平铺直叙的课堂，眼前的故事课堂让人眼前一亮：原来即使是看上去毫不起眼的化学元素，背后往往也有着鲜为人知的故事。

可想而知，故事有多有趣，学生的"胃口"就会被吊多高。

曾有一位研究教育的人士说过："不爱学习的学生哪儿都有，不爱听故事的学生一个也找不到。"

无论是学生从小就接触的语文、数学，还是上中学开始了解的物理、化学，乃至他们进入大学所选修的各种专业课，所有的课本知识中都或多或少蕴含着一个个小故事，而这些故事的演绎，很大程度上要看讲台上的教师能不能将它有机地穿插进课堂当中，给学生以智慧的启迪。

要知道，学生在课堂上是在一定的情绪和情感状态下开始学习的，而影响学生对课堂学习的情绪和情感反应的因素也是多方面的。

如果教师能给他们一种积极的、充满兴趣的情绪感染，那么他们内心因此产生的学习动力也将是无限的。

"兴趣是最好的老师"，兴趣一旦被激发起来，就会产生无穷无尽的求知和探索欲望。

这样一来，原本可能要花费更多时间才能引入的问题，在故事中不知不觉穿插进去，让学生产生一种主动寻找答案的欲望，课堂就不再只是教师一人的"天下"，而是师生互动的空间了。

在这方面，我们的先人早就说过："今教童子，必使其趋向鼓舞，中心喜悦，则其进自不能已。"

而故事，特别是与教学目标相关的故事，作为一种特殊的信息传递方式，能极大地调动学生学习的积极性，激发他们的学习兴趣。

想想看，一个小故事既活跃气氛，又调动学生的注意力，相比之下，如果教师只是加重语气说："注意了，下面我们讲某某定理，请大家注意听讲!"大部分学生往往已经分神好久了,他们可能在 3 秒钟内迅速回神,全神贯注听教师讲课吗?

在课堂中即兴穿插的故事,比起单纯的理论知识更容易抓住学生的心理,从一开始就吸引住学生的注意力,燃起学生智慧的火花,使课堂气氛很快进入活跃期。

课堂上的故事,可以把枯燥的问题趣味化,抽象的问题具体化,复杂的问题简明化,深刻的问题通俗化,从而使学生在情趣盎然中掌握知识、增强能力、提高觉悟。

在课堂上,如果能根据教材内容补充相关的故事、传说,更易激发学生学习的兴趣。

但是,有一点请注意:我们只是说穿插故事,并不是要在课堂上纯粹讲故事,否则的话,一堂课下来,学生只是听了一个故事,却没弄明白教师想讲什么知识,可就得不偿失了。

课堂教学,在某种程度上说,就是在演绎一系列的"故事",或者说正是通过一系列的故事,学生与课本的距离才一步步地拉近,课堂教学才能够有声有色地展开。

第二章

创设教学情境

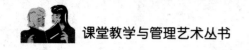

讲授：在启发中顿悟

现在的课堂教学出现了一种不正常的现象，特别忌讳"讲"。很多教师把"少讲"或"不讲"作为平时教学的一个原则，若是碰到评优课、示范课、比赛课，教师更注意做到少讲或不讲，而是想方设法让学生展示，多让学生讲，多让学生活动，还美其名曰"把主动权还给学生""让学生做课堂的主人""让学生去探索"。这种做法真的是把课堂还给学生了吗？真正体现学生的主体地位了吗？其实不然。之所以出现这样的问题，最关键的是许多教师把讲授法等同于"满堂灌""填鸭式"，该讲的没讲，该挖掘的没挖掘，缺少了知识含量，缺少了厚重深度。其实，讲授法只是一种传授的教学方法，教师富有启发式的讲解同样有启发作用，同样是启发式教学。对于一些关键性的问题、概念，教师不仅要讲，还要讲深、讲透，需要学生自己去感悟或操作理解的可放手让学生去尝试。那么，教师讲授时应注意什么呢？

我们来看一个教学案例。

师：这一堂课，我们来学习一种修辞方法——比喻。请大家看投影：比喻是把一个事物用相似的事物来打比方，使作者的描写更生动具体明白。

师：听老师来举个例子好吗？小明像大象一样灵活地爬上了大树。

（生捂着肚子哈哈大笑，纷纷举手）

生：老师，这个句子造得不对，大象那么笨重，怎么能灵活地爬上树呢？

生：应该改成：小明像猴子一样灵活地爬上了大树。

师（赞赏地）：说得真好。请看投影（师在"相似的事物"几个字下加着重点），同学们，造比喻句的目的是使描写更生动、具体、明白，要用恰当的事物来比喻，否则会让别人笑掉大牙。（学生笑了）

师：好！下面老师出个题考考你们，看看谁最会动脑筋。

（学生顿时来了精神）

师：请同学们听两个句子，判断哪一句是比喻句。"张红无精打采地，好像生病了。""老师是辛勤的园丁。"

生：我认为第一句是比喻句。（有学生附和）

生：不对，第二句是比喻句。

（学生议论纷纷）

生：第一句有比喻词，老师说过比喻词就像比喻句的眼睛。

生：比喻句是把一个事物比成另一个事物，第一个句子只有"张红"，肯定不对！

生：第二个句子有"老师"和"园丁"两个事物，尽管没有"好像"，我认为第二个句子是比喻句。

（学生争得面红耳赤）

师：大家的发言很精彩，可以说都是围绕比喻句的特点来讨论的，之所以有争论，是因为对一些概念性的问题没有了解。请看投影"比喻是把一个事物用相似的事物来打比方"，这句话说明，比喻句的条件是……

生（恍然大悟）：比喻句要有两个事物。

师（翘起大拇指）：对了！（板书：要有两个事物）

师：老师告诉大家，比喻句分为好几种，有明喻、暗喻、借喻。大家低年级学的比喻句大都带"好像""像""好似"等，就像比喻句的眼睛一样，这样的叫"明喻"。随着年级的增高，大家还会接触到不带"眼睛"的比喻句，这样的叫"暗喻"。至于"借喻"，要等到上中学才会接触到。

师（强调）：判断一个句子是不是比喻句，句中应该有……（指板书）

生（齐读）：要有两个事物。

师：说得好！请听老师再举两个例子吧。"小明长得像他爸爸。""这只鸡像那只鸡。"

（学生思考，有的小声议论。学生大多数认为不是比喻句，但不知原因是什么）

师：再听我举例，"这支笔像那支笔""这幅画像那幅画""这条狗像那条狗"……

生（举手）：我知道了，这样的句子不是比喻句，句中的两个事物是一样的。

师：一样的？还能说得再准确些吗？

生：句中的两个事物不能是同一类的。

师（点头）：对，这也是学习比喻句要注意的问题。（板书：不是同类事物）

案例中如果教师不对"比喻句"进行深刻透彻的讲授和启发，学生怎会有顿悟之感？讲授法是指教师运用口头语言，向学生系统地传授知识、开发智力、培养能力的方法。我们反对的是烦琐地、公式化地讲授，而提倡讲授的艺术性、启发性，增强课堂教学的吸引力、说服力和感染力。教师在讲授时应注意以下三点。

第一，讲授的内容少而精。要克服"满堂灌"，教师必须少讲、精讲，以便给学生参与学习活动的机会和时间。以上教学比喻句的案例中，教师抓住了比喻句的三个要点，即比喻要恰当，句中要有两个事物且不能是同类事物。围绕要点通过举例子，让学生展开讨论。教师讲授时以简驭繁，酌其精要，教师语言精当、干净利落，能看出教师在讲解设计上紧紧抓住了教学重点、难点，在精讲上下功夫。同时，在讲的过程中引导学生主动地获取知识。

第二，适时点拨。讲授过程中的点拨也是一门学问，教师点"金"的手指应该指向哪里？即使教师讲授的内容少而精，也要讲究分寸，不能一下子都"倒"给学生，要不断设置悬念让学生自己去理解。教师在教学前要心中有数，教学中要善于点拨。上面的案例中，当学生为一个问题争得面红耳赤时，教师适时引导学生看投影，使学生恍然大悟，接着教师又举了一串例子，"这只鸡像那只鸡"……使学生抓住了比喻的要点。教师适时地点拨、提示、引导，使课堂教学更具启发性。

第三，要有情感。首先，教师讲授要富有吸引力，必须讲究情趣，使学生在学习知识的同时得到愉快的情感体验。以上的案例中，学生时而被教师不恰当的比喻逗笑，时而在教师的提问后冥思苦想，时而参与到激烈的争论中去，因为学生觉得有意思、愿意学，所以就能自觉接受知识。因此，教师要注意讲授得生动活泼、方法多样、有情有趣，给课堂教学创造愉悦的氛围和情境。

其次，教师在讲授时，还要正确运用讲授方法，才能收到良好的效果。下面几种讲授法可以参考。

一、解剖分析法

它指教师根据概念、原理内部结构的成分、特性和内在逻辑关系，把它们分解为若干个点层，逐点逐层分析，逐步揭示概念、原理的内容与实质，从而帮助学生达到完整理解和掌握概念、原理的一种教学方法。例如，讲授教材中"人民民主专政"概念，其定义是：工人阶级领导，以工农联盟为基础，在人民内部实行民主，对敌人实行专政的国家政权。教师可把它分解为三层：①人民民主专政是一种国家政权。②这种国家政权的阶级特征是实行工人阶级领导，以工农联盟为基础。③这种国家政权有两个基本职能，即在人民内部实行民主，对敌人实行专政。简言之：一是政权，二是特征，三是职能。这样的分解释义，其内涵与外延都很清楚，学生也容易记忆、理解。

二、具体——抽象法

也叫归纳法，指教师引导学生从概念和原理所反映的事物及事物相互关系的各种具体形式出发，从个别到一般，抽出它们的共性，从而把握概念、原理的内容与本质的一种教学方法。例如，讲哲学上的"物质"概念，具体步骤可如下：

（1）教师先让学生罗列出自然界中各种各样的具体事物和现象，如日月星辰、山川河流、声光电磁、鸟兽草木等，然后引导学生从这些千差万别的事物和现象中，概括出它们的共性，即不依人的意识而独立存在。

（2）教师再次指导学生罗列出社会领域中的事物和现象，如生产活动、政治活动、科学实验等，并引导学生概括出它们的共性，即不依人的意识而独立存在。

（3）教师接着向学生指出：自然界和人类社会的各种事物和现象，都是不依赖于人的意识而独立存在的。就是说，不管人们知道与否，喜欢与否，承认与否，都实实在在地存在着，这就叫做客观实在性。哲学上讲的"物质"概念，就是指在人的意识之外，并能为人的意识所反映的客观实在。

这种从具体事实和经验中直接推出事物及相互关系的普遍本质特征的方法，符合中学生的心理特点和认知规律，也同当前中学思想政治课教材的编写思路、方法、特点相符合，有利于教师对概念和原理的教学。

三、图示讲授法

它是指教师根据概念、原理的内涵、外延、特征和内在的逻辑关系，用图形的方式把它具体形象化，并给予解析和说明，从而达到帮助学生深化理解和掌握概念原理的一种教学方法。图示，直观形象，易吸引学生注意力，使其产生浓厚的兴趣，教师解释之后，便于学生形象记忆与理解。

四、温故知新法

也叫以旧带新法，指教师根据知识之间的内在联系和逻辑性，从已知的概念、原理出发，通过判断和推理，引导学生由已知向未知过渡，并达到理解掌握新概念原理的一种教学方法。

例如，讲"犯罪"这个概念时，教师可先让学生同忆学过的"违法"的定义。违法行为，就是违反了国家法律及其他法规的行为；违法行为，根据它的性质和情节及对社会造成危害的程度，分为一般违法行为和严重违法行为。此时，教师明确指出：严重违法行为就是犯罪。这样就使学生对"犯罪"概念有了一个清楚的认识：犯罪是严重危害社会、触犯刑事法律、应受刑罚的严重违法行为。又如，讲"一国外交政策制定的根据取决于本国的根本利益和国家的综合实力"原理时，教师可引导学生同顾"经济是政治的基础"这一原理，并给予引申过渡：外交政策是属于政治的上层建筑，国家的根本利益和综合实力属于经济基础，由此推演出"一国外交政策的制定取决于本国的根本利益和综合实力"的原理。

这种从已知推出未知的方法，既可降低学生理解、掌握新知识的难度，又能使学生将所学的知识连贯起来，把握知识的完整性及其内在联系。同时，这种方法也符合学生的认识规律，有利于学生把新知识纳入已有的知识结构之中。

五、举例说明法

它是指教师通过捕述、分析、说明具体生动的事例，达到揭示概念、原理的本质属性及其特征的一种教学方法。简言之，以事明理，它包括正面例证和反面例证。例如，讲授"规律的客观性"原理时，教师可通过讲"拔苗助长"的典故来反面例证这一原理。讲完典故之后，可引导学生：那个种田人为什么好心得不到好报呢？生物是否按人们的主观愿望生长呢？然后指出：那个种田人只凭主观愿望，没有遵从事物发展的客观规律来正确对待生物生长，因而受到了客观规律的惩罚。这个典故告诉我们这样一个道理：事物变化发展的规律是客观的，即规律的存在和发生作用是不以人的意志为转移的，它不是人们从外部强加于事物的，也不是人们的意识所赋予的。人们想问题、办事情，不能同规律背道而驰，同时也不能根据自己的意志创造一个客观上不存在的所谓"规律"，或者改造、消灭仍然在起作用的规律，这就是"规律的客观性"原理。

六、演绎法和变换提示法

演绎法，指教师从学生已知的一般概念和原理出发，引导学生运用这个一般概念和原理去认识同其有内在联系的具体概念和原理，从而理解这个具体概念和原理的一种教学方法。简单说，就是从一般到个别的教学方法。

变换提示法，指教师根据概念和原理的内容与特点，从不同角度、层次和内在逻辑关系向学生发问或暗示，激起学生积极思考，从而引导学生科学、完整地理解掌握概念、原理的一种教学方法。

讲授概念、原理，除以上方法外，还有比较讲析法、特征解析法、引经据典法等，对概念讲授还要采用下定义法、句子成分分析法等。教师在实践中还可根据自己的经验，创造出多种多样的、行之有效的教学方法。

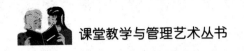

观察：使教学更贴近学生

课堂观察是教师获得实践知识的重要来源，也是教师用以搜集学生资料、分析教学方法的有效性及了解教与学行为的基本途径。近年来，课堂观察问题在国外的相关研究和教师教育课程中越来越受重视，把课堂观察的能力与技巧视为教师必备的一种重要的专业素养，以及教师进行有效教学的一种不可或缺的影响因素。一位有经验的专业教师，必然拥有较细致的观察技巧，在短时间内，既能发现影响教学效果的事件，也有能力预防和处理。

一、课堂观察的对象与范围

1. 学生的学习行为

（1）参与状态

一看学生是否全员参与学习；二看有的学生是否还参与教，把教与学的角色集于一身。没有学生积极参与的课堂教学，是谈不上开发学生潜能的。

（2）交往状态

一看课堂上是否有多边、丰富、多样的信息交流与反馈；二看课堂上是否有良好的人际交往与合作的氛围。在人为地、不适当地强化竞争的班级里，会滋生自私、冷漠与厌学的心理。长此以往，学生会变得不想也不会与人合作，而学习无助感的加深又会强化学生的失败感。

（3）思维状态

一看学生是否敢于提出问题、发表见解；二看这些问题与见解是否具有挑战性与独创性。学生的主动创造是课堂教学中最令人激动的一道"风景"，而创造这样的"景观"绝非一日之功。

（4）情绪状态

一看学生是否有适度的紧张感和愉悦感；二看学生能否自我控制、调节学习情绪。有时课堂会突然爆发笑声，而后又戛然而止；学生能从激烈的争论迅速转入专注的聆听——这些都表明，学生处于良好的情绪状态。

（5）生成状态

一看学生是否都各尽所能，感到踏实和满足；二看学生是否对今后的学习更有信心、更有兴趣。

2.课堂学习氛围观察

营造一个良好的学习氛围，是成功教学的前提之一，课堂的整体气氛，不仅影响学生的学习效果，而且还左右教师的讲课情绪。故在导入之后，讲解之中，或在提问之时，教师应注意观察学习氛围是否形成，学生反响是否热烈，学习兴趣是否浓厚。还应注意负面观察：有多少人打瞌睡、开小差，对学习内容不感兴趣，对提问的反应无动于衷。

3.学生表情观察

对学生表情应进行个体化观察。

（1）目光观察

是期待的、急切的、专心致志的，还是困惑的、茫然的、游移不定的？是心领神会的，还是疑虑重重的？学生的目光往往是内心情绪真实的流露，有经验的教师决不会等闲视之。

（2）面部表情观察

困惑——眉头紧锁，嘴唇闭拢，神情焦虑不安；理解——双眉舒展，面露微笑，频频点头；专心听讲——目光凝视，神情专注，嘴唇微张；心不在焉——目光游移，表情木然，眉头时开时合，有时口中还念念有词；不耐烦——双眉紧锁，啧有烦言，焦躁不安，左顾右盼……

（3）形体动作观察

配合各种面部表情，学生形体也会出现一些变化：专心听讲时，身体微微前倾；困惑不解时，或以手托腮，或搔首摇头；在理解了一个难点后，身体后仰，全身放松，改变原来的体态；若不耐烦时，往往会不自觉地摇晃身体，或双臂抱胸，或跺脚颠膝。对于学生的种种体态语言，只要注意观察，不难理解。

4.教学效果观察

在教学告一段落后，教师应关注学生的反应，观察教学效果。主要观察点包括：

（1）对提问的反应

学生对提问的反应是否积极？回答是否到位？

（2）对课堂练习和作业的反应

练习与作业不仅是学生巩同知识的重要环节，也是检验教学效果的必要手段。我们的观察要点：一看学生对练习的态度；二看练习过程中出现的问题；三看练习的结果如何。

（3）对教师讲解的反应

学生的课堂表现是教师观察教学效果的一面镜子，应加以密切关注。

我们来看一个教学案例。

在《两小儿辩日》的教学中，执教的刘老师充分注意课堂中的每一个细节：在学生分组学习时，刘老师弯下身子与学生积极交流；面对学生的表现，刘老师不时礼貌地说"请坐""你请""谢谢大家"；当一位学生理解错了辩论的话题，经过同学的帮助终于明白后，刘老师关注到该生一开始的泄气、伤心，立即加以鼓励，"这种及时发现自己的不足并敢于更改，也是一种好的学习习惯，而且需要勇气，这种勇气值得鼓励嘛！"并带头鼓掌，及时地保护了学生发言的积极性；当一位学生一口气讲出"笑"的两种感悟，刘老师刚开口评价时，有学生鼓掌，刘老师立即暂停评价说："想鼓掌，那就鼓吧。"又一次真正关注并赞赏学生的表现，使得课堂氛围轻松和谐。

正是对这一个又一个细节的巧妙处理，才使课堂始终保持积极、热烈的氛围。试想，当教师俯下身子与坐着的学生交流，学生是否有一种从天而降的压力呢？当教师说话时发出掌声，如果教师不加以理睬，继续自顾自说，那鼓掌的学生是否会觉得很没趣、太鲁莽了呢？如果教师加以批评，那学生是否会无地自容、羞愧难当呢？细节虽小，如果不像刘老师那样细心观察，用眼去捕捉，用耳去聆听，用嘴去交流，用心去感悟，又如何能关注得到？又如何从小处着手去妥善地处理呢？

二、观察的时间

教师课堂观察讲究时间性。在课堂内实施的观察，可以随时随地进行，从而准确快速地掌握学生的学习反应及其在学习上的特殊需求，并对学生的反应及问题，依据观察所获得的信息，予以立即性的处理。对于学生学习反应的密切关注，可以协助学生更顺利、有效地学习。

三、观察方法

课堂观察也需讲究方法，一般来讲课堂观察方法有划记法和描述法两种。

（1）划记法

划记法是指在进入教学现场前，已经熟悉相关文献，并且确定将观察的特定行为的方法。另外，也将行为的各类加以类目化，并给予各种行为不同的代号。教师只要按照划记表上对于各类目行为的界定，进行代号的划记工作与记时即可。此种类的观察，必须对所观察的行为是否能如预期出现、是否能顺利进行观察，做出审慎的评估，再付诸实施。

（2）描述法

描述法是指教师准备好观察笔记，并且预先设计好记录格式的观察方法。基本上，观察笔记的首页填写观察地点、对象、日期、时间及观察的主题。另外，观察笔记内也应同时规划好描述与评论的空白栏，两种空间的比例大约是 3∶1。观察者在进行观察过程中，一方面可以在描述栏内，翔实地记载某些行为或经验的发生；另一方面也可以利用评论栏，将观察时所产生的即时性想法记录下来。如果对于观察所获得的资料有所怀疑或是不了解其意义，则可以利用课余时间，与相关的人员进行访谈，或者通过分析文件获得答案。

教师在自己教室所实施的观察，必须在确保教学活动的顺利进行，以及教学完整性的情况下进行。因此，教师采用描述法仅能就所发现较独特的现象与学生行为，稍作默记或是简单的记录，或是在课程进行到一个段落时，稍作休息，再将值得记录的发现写在观察笔记内。经验丰富的专家型教师，也可以将观察到的资料立即进行有效的处理。

四、处理观察资料

对观察后的统计资料要进行整理和分析，避免发生偏差，从中看出班级行为的某些倾向，或是与已有的理论相互印证，作为解释班级内师生行为的依据，或将课堂观察所获得的量化资料进行平均数、标准差或是方差检验。

在当天观察结束后，应尽快地将观察资料加以整理与建档，避免时间过长导致遗忘。在预计的观察过程完成后，将所有资料进行综合整理与归纳，并加以概念化，以便能从观察中发现值得进一步探讨的现象或问题，或是粗略归纳出教学实践上的某些原则。这些收获能作为教师进一步集体讨论的资料，若是教师能将此资料长期搜集并加以汇整，也可以得到较系统化的发现，成为行动研究搜集资料的一种形式，尤其能将杂乱的资料加以整理，并且转化为文字，使思考具体化，对于教师的专业反省将有更大的助益。

五、课堂观察的应用

课堂观察对于教学者而言，不仅是一种方法，也是一种探究。课堂观察可视为一种促进教学的方法，可以促进教学目标的顺利达成，提升学习成效，同时通过课堂观察这一途径，有助于教师发现、分析和解决教与学的问题。因此，在观察结束，理出较完整的观察结果与发现之后，要对这些发现进行开放性的讨论。讨论的目的，在于更深入地理解事件的背后意义，形成新的教学观察，进一步改进教学。

（1）课堂观察要有目的性。课堂观察本身并无目的可言，重要的是教师能根据观察发现，进行教学前及教学后的反省，协助教师在教学前，即做好各项缜密的准备与计划，而在教学后，也能针对当天的观察发现，省察个人的教学情况。课堂观察必须不断地配合教学反省，才能极大地促进教学的有效性，若缺乏反省而只有观察，对于教学而言，并不能产生太大的价值。

（2）课堂观察中要训练和提高教师的观察能力，精确解读班级教学情境，作为明智的专业判断与提出相应策略之依据。精熟课堂观察技能的教师，大多能与教学同步进行，在自然的甚至是直觉的状态下进行课堂观察，随时根据观察所得调整教学策略，以及与学生的互动。因此，课堂观察应用的最高境界已和教师的专业直觉融为一体，成为教师课堂教学内容的重要一环。

（3）教师在观察之后，应立即将一些特定的观察发现记录在教学笔记上，作为综合了解一个班级或某些学生的资料来源。持有这种书面的文字记录资料，有助于教师个人的教学反省，同时也能提升教师对课堂观察的兴趣。

（4）目前的学校大多呈现孤立的文化特性，几乎所有的教师都习惯于单兵作战，很少主动地与其他同事正式地进行专业议题的探讨。此种学校文化特性限制了教师专业分享与相互支持的机会，课堂观察也不例外。事实上，最有效的课堂观察，乃是来自观察后的反馈，尤其是与其他教师进行相关问题的讨论与分析，能使课堂观察的价值发挥到最大。教师如果能与学生共同就观察资料进行讨论，则有助于教师的教学改进，并提高学生学习的信心，而所有这些观察都会间接促进我们的课堂教学，使教师在把握整体学生的基础上，做到在课堂授课过程中游刃有余。

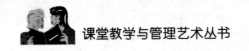

板书：牢牢抓住学生眼球

如果说教学是一门艺术，那么，呈现给学生那些看到的、听到的、触摸到的、可联想到的，都要有一种美妙诱人的艺术魅力所在，才会启发引导学生去积极主动地学习，从而达到最佳的教学效果。

美术老师的闲闲几笔，潇洒优雅；工科老师的三维透视，缜密精严；音乐老师的音符谱号，意随韵转；体育老师的战术运用，灵活机动……

从文理社商，到图工音体，只要教室还在，只要黑板还在，板书就一定在。

不少年长的地理老师只用一支粉笔，就能画出精致的中国地图；而资深的数学老师随手画出一个标准的圆也并非难事。

板书是课堂教学的重要组成部分，是教师的微型教案。

好的板书，不仅有助于学生对教材的理解和对知识的巩固，而且对启发学生思维、活跃课堂气氛都起到画龙点睛的作用。

有关研究资料表明，在人所获得的全部信息中，其中听觉占11%，视觉占83%，其他（触觉、嗅觉等）只占6%。而板书正好弥补了学生听课上的遗漏，可以吸引学生注意力，激发学习兴趣，加深对教材的理解。

想像一下，有哪一个学生可以仅仅依靠"听"来上完一堂课呢？

因此，教学过程中，虽然是学生"听课"，但不能单纯使学生听，更重要的还是应充分发挥视觉作用，通过视觉去感知板书，通过板书去感知新信息、新材料，调动多种器官了解一节课的知识内容和逻辑关系，使学生获得清晰的概念，并在大脑中留下深刻的印象。

例如，特级教师支玉恒以自己挥洒自如、灵活机智的教学艺术风格而蜚声教坛，他的板书设计也独具一格。他执教的《第一场雪》，在板书设计上就很有新意。它是一首小诗：天气骤冷数日间，山村静夜雪弥天。晶莹世界人欢笑，更喜丰收在来年。下面就截取有关片断，看一看这节课板书的形成过程。

师：这场雪下在了什么地方？

生：这场雪下在了胶东半岛……

师：（接）的一个什么具体地点？

生：胶东半岛的一个山村。

师：下在一个山村（板书"山村"）

师：主要的下雪时间是白天还是黑夜？

生：黑夜。

师：对，黑夜（板书"夜"）。这个夜是什么样的？

生：静静的。

师：（板书"静"）可以说是一个（读板书）"山村静夜"。那么怎样才能把这个静夜读得很静？……谁来试试？

师：好，再来试试，比他读得还要静。（笑声，生读文）

师：他读得静不静啊？（生不答）看来大家不太满意，是吗？你来推荐一个同学再读一下。（生读文）

师：好不好？（生答好）的确不错。你们看这场雪大不大？（生答大）大得简直弥天漫地。（板书"雪弥天"，然后读板书）"山村静夜雪弥天"。

……

生："粉妆玉砌的世界"是一个银色的世界。

师：对，但光"银色"不发亮。积雪被太阳一照，那个世界是什么样子的？

生：晶莹透明的世界。

师：啊，晶莹洁白。（板书"晶莹世界"）在这个晶莹世界中，人怎么样啊？

生：欢乐。

师：嗯，欢歌笑语。（板书"人欢笑"）……

师：对。那第一段就是告诉我们什么？

生：告诉我们寒流侵入了胶东半岛就下雪了。

师：啊，天气没变。

生：第一段就是告诉我们天气骤然变冷。

师：对不对？（生答对，板书"天气骤冷"）

师：为什么说它是突然地变化的？你们看看这种变化是发生在多长

时间内？

生：天气是在一天之内变化的。

师：是一天吗？

生：两三天。

师：两三天之间变化这么快。（板书"数日间"，然后读板书）"天气骤冷数日间。"

师：所以这个丰收是在什么时候？

生：明年。

师：（板书"丰收在来年"）这个丰收在来年呢，所以说，瑞雪"兆"丰年。你们从作者感情上看，他看见下这么大的雪高兴不高兴？（生答高兴）他想到这样的雪预兆着大丰收，他心里面比看见雪景还怎样？

生：还高兴。

师：（指板书）我们给它加两个字，加什么？

师：（板书"更喜"）行不行？

生：行！

……

师：好，由于时间关系，我们不再读了。（对没有读得上的第四个同学）对不起！（笑声）

师：大家看黑板上我的板书，像什么？

　　支老师的话，引起了学生的注意。他们仔细端详起黑板上的四行字，教室里显得很安静。突然，有几个学生忍不住大叫起来："诗！"这时，全班沸腾了，真没想到，老师竟把这一课的板书设计成了一首奇丽的小诗，真是太神奇了！太精彩了！学生此时脸上洋溢着兴奋与喜悦，还没等老师领读，他们便情不自禁地吟颂起来："天气骤冷数日间，山村静夜雪弥天。晶莹世界人欢笑，更喜丰收在来年。"朗朗的读书声充满了整个课堂。是教师精彩的板书，把学生带入一种诗情画意之中，而且深化了主题，确实有画龙点睛之妙，使学生情绪高涨，掀起了课堂教学高潮。

　　那么，教师应该怎样设计板书，才能达到案例中那样的效果，牢牢抓住学生的眼球呢？要符合下列要求。

一、科学性和计划性

板书设计力求准确、科学。板书语言要做到准确无误，大小标题的书写要规范，要采用统一的格式。有些教师板书的随意性很大，板书内容没有斟酌，往往出现词不达意、错别字，大小标题混乱，总结性的板书语言过滥等问题，这些问题应该引起教育工作者的重视。

板书设计要有一个通盘的考虑，教师在备课时就要认真安排，这一堂课要板书哪些内容。板书的内容安排在黑板上的哪个位置、先板书什么、后板书什么、大标题写在什么地方、小标题写在什么地方、哪些东西应该保留到讲课终了、哪些东西可以作为临时板书随写随擦，这些方面在备课时都应该精心设计。一般说来，板书内容应反映一堂课内容的基本框架，使学生一目了然，不能想写什么就写什么，人为地加大板书份量，否则容易产生两种不良后果：一是容易引起学生反感，降低学生学习的积极性和主动性，影响其对相应问题进行深入积极的思考，使学生在教学过程中变成被动学习者。二是是影响教师正常讲课，一节课有固定的时间、特定的内容，花费在板书上的时间过多，必然影响到教师对教学内容的分析。因此，板书内容要少而精，恰到好处，该板书的东西一定要板书，有的内容完全可以凭借教师口述让学生领会，这样既节省了教学时间，又培养了学生分清主次、抓住重点的记笔记能力，可谓一举两得。在板书设计上还应注意不同内容安排在不同的位置，主题板书一般安排在黑板的右侧或中侧偏左部分，辅助板书安排在黑板的两侧。对于一些难以理解或比较生疏的字词、符号、专业术语、公式等可以板书存右侧，有时为了加深对主题板书部分的理解，也可以在右侧绘制板画，这些东西用过之后可以随手擦掉。

板书时，要注意把握好板书内容的顺序、板书的时机，过早或过晚板书都不能起到应有的效果，有的东西在讲前板书，有的边讲课边板书，有的可以先组织学生讨论然后板书，有的可以在讲后总结时板书。总之，板书的时机一定要选好。有的教师总爱先写后讲，往往是写到后边前边的又忘了，思路很容易被打断，这就是没有把握好板书的时机，自己的思维先乱了，教学效果是好是坏也就可想而知。因此，把握好板书的时机十分关键。

课堂教学应该有周密的计划，但是课堂教学并不是一成不变的。由于教学对象心理的复杂性，他们在课堂上的表现也往往出人意料，而这些方面教师在备课时很难完全考虑得到，这就要求教师要随机应变调整教学的进程，对预先设计的板书要进行适当的修改、补充，以适应新的教学需要。

二、精炼概括，系统完整

板书语言要精炼，要提纲挈领。板书要服从教学的需要，要真正地把所讲的核心内容反映出来，几个字词，或是一两句话，或是简单的一个图形、一个公式，板书的内容虽然少，但它却是教学内容的高度概括和总结，能反映出教学内容的重点、难点、关键点，使学生看过以后一目了然，很容易纳入自己的认知结构中去。教学中一定要避免教师板书抄课文、学生抄黑板、课后背笔记的情况。很多经验丰富的教师，他们的板书安排总是主次分明、层次清晰、详略得当，他们往往是运用一句话、一个词、一个字、一个图式，点出了重点，突出了实质，加深了学生对问题的理解。

板书还要系统完整。一般情况下，一节课使用一个板面，一节课板书的安排应突出其独立性，应是一个整体，教材的主要内容能从板书上反映出来。板书要起到概括、提示、总结的作用。

当然，对于不同年龄阶段的学生，板书内容的多少是有区别的。年龄越小，学生的学习能力越低，记笔记的能力也就相应越差，教师就更应该注意板书内容的设计，这对于学生抽象思维能力的发展起着十分重要的作用。

三、形象直观，具有启发性

板书是为教学服务的，它要有利于学生对知识的理解和全面把握，虽然只是几个词语，但它却揭示了教学内容的内在联系，从简单的几句话或几个词语的排列上可以看到整个事件发展的顺序，由一些简单的图形、符号、数字可以形象地说明问题。例如，有位地理教师在讲授"我国地形西高东低，成三级阶梯"这一内容时，随时在黑板上画出由西到东逐级下降的三级阶梯，形象直观地把我国地势的特点用图形表示出来，这对于学生对我国地势的理解和把握很有帮助。（如图）

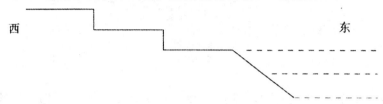

西　　　　　　　　　　　　　　　　　　　　　　东

板书语言还应与直观教具的使用有机结合起来。通过直观教具的演示，加深学生对板书内容的理解，利用板书语言来提示直观教具的使用，对运用直观教具所揭示的问题进行总结概括。

板书应当富有启发性，能使学生的思维活跃起来，使学生积极主动投身于学习之中，切忌由教师一手包办，用教师的主导作用来代替学生在学习中的主体地位。在板书的设计上，应该用精辟的语言画龙点睛地展现教材内容的整体框架，使学生能从板书上受到启发，引发其积极思考。例如，有位语文教师在讲授《愚公移山》这篇课文时设计了这样几个连续的问题板书：

①痛感堵塞之苦
②确知移山之利
③深明可移之理

这三句话清晰地反映了整篇文章的结构，学生从中会领悟到"愚公实不愚，智叟未必智"的道理，学生的思维活动也会异常活跃，积极地围绕三句话来探讨为什么愚公要不顾千辛万苦去移山。这个板书就很有启发性。

四、设计巧妙，美观大方

板书设计要构思精巧，既要突出重点和难点，同时也要能启发学生积极思考。很多教师在设计板书时独具匠心、巧妙设计，很好地发挥了辅助教学的作用，收到了良好的效果。例如，有位教师在教"不堪"这个词时，设计了这样的板书（见下图）：

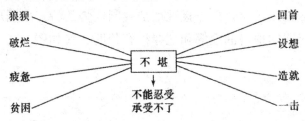

这个板书，形式新颖，设计巧妙。左侧是以"不堪"为词尾构成的四个词语，右侧是以"不堪"为词头构成的四个词语，下边则是对"不堪"一词的解释。因为板书设计得好，学生学习起来很有趣味，效果也很好。

板书设计要美观大方，具有艺术性，能使学生受到美的陶冶。板书的艺术性具体表现在以下两个方面。

1. 内容美

板书所用的字、词、公式或是符号一定要准确无误，不能允许教师在板书时出现错字、别字、漏字，或是语句不通，语言表达不准确等错误。有的教师在讲课过程中板书上常出现这样或那样的问题，例如一位数学教师在讲例题时板书整个运算过程，讲着讲着讲不下去了。原来是在运算过程的某个环节上错写了一个符号，算错了一个数值，这样就难以发挥板书辅助教学的作用，不能有效地提高课堂教学的效果。内容美还要求板书一定要少而精，应该突出的重点、应该点出的难点、应该把握的关键点，一定要板书出来。但是，教师在讲课过程中，也不能一板又一板地写，让学生一板又一板地抄，一堂课下来，满满一黑板的字，哪里还谈得上美呢？因此，一定要注重板书的量和质，该板书的一定要板书，没有必要的就不要板书。

2. 形式美

板书的形式是指板书内容的外在表现方式，如内容的布局结构，教师的书法、绘画，等等。形式美可以吸引学生的注意力，激发其学习的动机和兴趣，充分发挥板书的示范作用，从而对学生产生潜移默化的影响。因此，要求教师一定要做到书写规范化，字一定要写得工整、美观、大方，字迹一定要清晰可辨，学生看时一目了然，不能随意使用繁体字和不规范的简化字，造成学生认识上的障碍，甚至因为几个字、词弄不清而交头接耳、互相质疑，影响正常教学秩序；字的大小要适中，应使前后左右的学生都能看得清楚；遣词造句、用什么字体，要考虑学生的年龄特征，最好是用正楷；板书的布局要合理，什么内容写在什么地方，在备课过程中就要做好安排，行与行之间要保持一定的距离，不能一会儿近一会儿远，甚至是一行写着写着斜到下边去了。以上情况，教师一定要多加注意。

教师要做到板书的形式美，必须具备扎实的基本功，一是要有一手过硬的好字，二是要掌握最基本的简笔画技巧，需要什么图形、图案能迅速画好，直观形象地说明问题，起到良好的教育效果。当然，写、画的技能不是一朝一夕就能练成的，它需要教师长期不懈地坚持练习，铁杵磨成针，功到自然成。

五、板书形式要不拘一格

板书设计没有固定的模式，至于一节课的板书应该怎样设计，首先要考虑教材的性质。文理两类学科教材性质不同，板书设计有很大差异。其次，要考虑教学内容的特点和教学任务。例如文言文教学，假如一篇文章的讲授需用两个课时，往往时间的安排是第一课时重在把握作者的生平、文章的写作背景和一些生字词，第二课时重在对文章内容的具体分析。两个课时任务不同，板书的设计也就不应相同。最后，要考虑学生的年龄特征和实际情况，不同年龄阶段思维发展的水平不同，注意力的特点不同，板书设计也应该考虑到这些因素。在教育实践中，广大教师进行了深入的探讨，取得了丰富的经验，创造了丰富多彩的板书形式，典型的有以下形式。

1. 摘录要点式

摘录要点式，即教师通过对教材内容的分析和综合，概括出几个要点，书于黑板。这种形式要点清晰、层次分明，突出了重点，反映了内在联系，便于学生学习，很多教师的板书都采用了这种类型。

在教学实践中，我们常常发现，有些教学内容，逻辑要点十分明显，只要把大小标题按其逻辑顺序摘录下来就是很好的板书。例如，政治经济学中关于"货币"的内容，可以按其要点列出以下板书。

一、货币的起源和本质

（一）货币的起源

1.简单价值形式

2.扩大价值形式

3.一般价值形式

4.货币形式

（二）货币的本质

——一般的等价物

二、货币的职能

（一）充当商品的价值尺度

（二）充当商品流通的手段

（三）充当支付手段

（四）充当贮藏手段

（五）充当世界货币

有些教学内容，逻辑要点渗透在教学内容的字里行间，这就要求教师要对教学内容进行分析、概括，抽出其要点，用精炼的语言形成板书。例如，有位语文教师在讲《桂林山水》这篇文章时，设计了这样的板书：

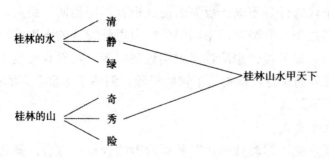

2.图表对比式

有些教学内容，要分析一方面与另一方面或是一部分与另一部分的异同，从而更好地把握事物的属性，在板书的设计上就可以利用图表对比式达到目的。例如，有位生物教师在讲"叶的呼吸作用"和"叶的光合作用与呼吸作用的比较"时，就利用了图表对比式板书：

叶的呼吸作用

实　　质	植物吸收空气中的 _____，将有机物分解成 _____ 和 _____，释放出 _____
公　　式	▢ + ▢ → ▢ + ▢ + ▢
意　　义	呼吸过程中分解有机物所释放的 _____，大部分作为植物进行 _____
外界条件的影响	主要是 _____，_____，_____，_____

叶的呼吸作用与光合作用比较

光合作用	呼吸作用
1. 在植物的 _____ 中进行	1. 在植物的 _____ 都能进行
2. 有 _____ 才能进行	2. 有无 _____ 都能进行
3. _____ CO_2，_____ O_2	3. _____ O_2，_____ CO_2
4. _____ 有机物，_____ 能量	4. _____ 有机物，_____ 能量

　　这个板书，教师可以结合学生日常观察的经验，引导学生认真阅读教材，然后由师生共同完成这一板书。在完成这一板书设计的过程中，学生牢固地掌握了叶的呼吸过程的本质，明确了叶的呼吸作用和光合作用有着本质的区别。

　　3. 框图连环式

　　框图连环式，是指把教学要点抽取出来，以框图的形式相互连接，从而突出各要点之间的相互联系、内在因果关系的板书形式。例如，在中国历史教学中，有位教师讲到"西汉社会经济的发展"及为什么会出现"文景之治"时，设计了这样的板书：

　　①背景　　②措施　　③结果

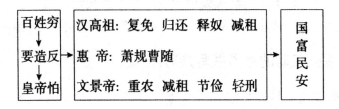

这个板书，就把汉初社会政治经济发展的形势反映出来了，而且从中我们还可以看到封建帝王采取了哪些让步措施，以及为什么要采取这些措施，前因后果，看过这个板书就能一目了然。

再如，有位语文教师在讲《东郭先生和狼》这篇课文时，也设计了框图连环式板书，收到了良好的教育效果：

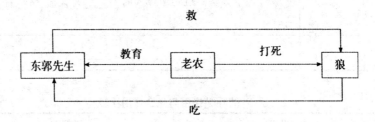

4. 情节情景式

情节情景式，是指依照事件发生发展的先后顺序或具体情节安排板书。这种板书，往往反映了事情的来龙去脉，使学生能够透过表象把握实质。例如，有位教师在讲《变色龙》时设计了这样的板书：

一、奥楚蔑洛夫发现狗咬人事件

二、奥楚蔑洛夫处理狗咬人事件

（一）奥楚蔑洛夫决定严厉处治这条狗及其主人

（二）将军家的狗不能惩罚，只能斥责赫留金

（三）既然不是将军家的狗，就要好好教训它

（四）巡警说有可能是将军家的狗，赫留金只有自认倒霉

（五）将军家的厨师证明不是将军家的狗，这条狗就应受惩罚

（六）厨师说是将军哥哥的狗，所以狗也变得聪明起来

三、受害者赫留金凄惨的结局

这个板书，以奥楚蔑洛夫处理狗咬人事件为线索，突出了奥楚蔑洛夫的丑恶嘴脸，通过对其丑态的捕写可以看出当时沙皇俄国社会的黑暗。

六、掌握正确的板书书写技巧

1. 文字书写的技能技巧

教学板书的制作过程，要求教师写字作画既稳且准、又快又好，而

这些若没有训练有素、娴熟灵巧的教学板书基本技能技术，是做不到的。因此，教师要高度重视教学板书技能技巧的训练和提高。

一手漂亮的粉笔字，常能赢得学生的喜爱、钦羡和模仿，更重要的是它能提高教师使用教学板书的质量和效率。因此，它绝不是像有些人认为的那样只是一种雕虫小技，而确属一个教师必须掌握的教学基本功。教学板书艺术对教师文字书写技能技巧的基本要求有以下几个方面。

（1）书写姿势

板书的书写姿势与钢笔、毛笔字书写姿势不同。其书写姿势多是面壁立势，即面对直立的板面站着书写。书写时，头要正，身要直，离黑板面约 30 ～ 40 厘米为宜。书写时臂膀稍抬，小臂斜向前方使力量集中于笔端，另一只手自然下垂。

（2）执笔法

粉笔的执笔一般采用"三指执笔"法，即用大拇指和食指的指肚，以及中指的第一指节上侧捏住粉笔小头约一公分处，形成三角形，力点放在食指上，无名指及小拇指自然弯曲于掌心。粉笔与黑板保持 30 ～ 45 度为宜。书写时，整个手掌均不接触板面，避免将手磨破，同时也保证了用笔的灵活。

（3）运笔法

粉笔本身是一种消耗性工具，它本身没有弹性，其笔画的粗细全靠粉笔与黑板的接触面积大小而定，而接触面积又与粉笔与黑板的角度、笔端的形状及用力大小有关，故书写粉笔字应当注意其特殊的运笔方法，才能写出生动的笔画。基本运笔法有转笔、切笔、顺笔、逆笔、拖笔、滑笔、放笔、回笔等 11 种，需要教师认真去揣摩练习才能正确地掌握。

用笔。粉笔的使用与钢笔、毛笔的使用略有不同，它短小、易断，笔锋随笔身的磨损不断变化。在使用时应根据这些特点灵活使用，手指捏紧粉笔，手臂移动平稳，用力均衡，不断转动笔身，才能写出流畅、自然的粉笔字。除常用倾斜运笔外，还可根据需要使用垂直运笔（如画某些直线、曲线和点等）、平放拖拉运笔等。

粉笔的基本笔画形态与钢笔字大体相同，但应注意粉笔的独特笔法，主要有转动笔头、变换角度和运腕等。

转动笔头，变换角度。粉笔是圆柱体，没有笔锋。但由于质地松软，可塑性较强，书写时可根据笔画粗细的需要，随时转动笔头，或变换粉笔与黑板相接的角度，以利用粉笔的边锋、棱角或侧面、斜面等，与提笔按笔结合起来，写成不同形状的笔画。粉笔与黑板相接的角度较小或用侧面、斜面书写时，笔画较粗；角度较大，用不断调整形式的边锋、棱角书写时，笔画就细。写特粗笔画的大字，还可将粉笔折断，或利用剩余的粉笔头，横式执笔书写，即食指、中指与拇指握住粉笔段中部，使粉笔段平贴黑板书写。

运腕。由于粉笔的执笔独特，除转动笔头外，手指运笔不够灵活，加上粉笔字是面板而书，一般字体较大，因此写粉笔字主要靠腕力，训练手腕的灵活转动，有利于写出比较自如、比较生动的笔画和字形。

粉笔与毛笔、钢笔的共同之处在于，它们都讲究提按、快慢，只是粉笔用笔力度切不可过大，尤其按笔或横式书写时，力度过大则易折断。

（4）字体

板书字体的大小直接关系到效果问题。字体太大，写不了几个字，影响板面的利用率；太小，学生看不清，失去板书的作用。一般认为，字体大小，以后排学生能看清为标准。针对学生视力下降的现实，设计使用板书，应把保护学生视力的因素考虑进去。同时，字体的使用要注意适应性。根据小、中、高、大各学段学生的特点，可分别采用楷、行楷、行草等字体。有时字体的变化使用也颇富情趣。例如，魏书生老师讲议论文喜欢用仿宋体或黑体美术字写课题，讲记叙文用行书，文言文则大多用隶书写课题。他写得认真仔细，学生便也极认真地看，有的还边看边模仿。

（5）字迹

教师板书的字迹一要正确，不写错字、白字、倒笔字；二要清晰，结构明了、字距均匀、行距平行，以显得整齐条理、眉目清朗；三要认真，不能开始几个字或几行字写得工整有加，而中间逐渐潦草，最后则龙飞凤舞、模糊难辨。教师认真的字迹反映的是认真的态度，可对学产生潜移默化的影响。新粉笔应当把它断成两截，那样可以拿得牢固。一支新粉笔随时都可能断，因此用半截粉笔写便可避免那种不愉快的情况。如果书写时经常在手指间转动粉笔，就可以保证所写的字有均匀的宽度。字行应保持在一条线上，既不能写得太高以免踮脚，也不能写得太低以免蹲腿。书写时，身体要随着移动，使身体与教学板的相对位置保持不变。

2.图表绘制的技能技巧

表图示意式教学板书设计出来之后，还需要教师教学时在黑板上使用有关工具将它们准确、快速、美观地绘制出来，才能保证教学板书达到预期的目的，这就要求教师熟练掌握一定的绘图制表的技能技巧。一般来说，图表绘制得准确，有助于教师讲明问题、学生掌握知识，如果立体几何图形画得没有立体感，就会使板书图示失去其辅助教学的意义。图表绘制得快速，有助于提高课堂教学的效率；如果在黑板前面，教师忙碌了半节课还未将图表绘成，易使学生认为教师无能，从而导致课堂秩序涣散。图表绘制得美观，则有助于吸引学生的注意力，激发学生的学习兴趣，培养学生的审美能力。

教学图表的绘制可以借助必要的工具如直尺、圆规、量角器、三角板、多功能尺等来完成，也可以不借助其他工具，只用粉笔凭借扎实过硬的基本功来完成。但是，为了使所绘制的特殊图示更准确、快速、美观，有时借助工具、改良工具、创造工具，也是非常必要的。例如，用小刀在粉笔一端的中间刻一凹处，可使一笔画出两条平行的线来，这在地理教学中速绘交通线、输油管道时最为适用。有些常用图形如圆形、三角形、正方形、坐标轴、波浪线、折线等，皆可使用线板、木条、塑料等制成简易模具，需要时拿出模具用粉笔照轮廓捕出即可，可收到比用直尺、圆规等工具更简便，比只用手绘制更准确的效果。音乐教师通常要画五线谱的五条线，他可以使用一根简单的铅丝制握手或木制的握手，上面卡住五根等距离的短粉笔，即可画出五条整齐好看的平行线。为方便和节约起见，教师可以用白粉笔自行加工制作色彩更多的彩色粉笔，用各色水化性颜料加水溶化，搅拌均匀，投进白粉笔，待半小时后取出晒干即可使用。至于一些复杂精致的图形制作，下面的做法值得尝试：

先在一块硬而轻的纸片上勾画出图样，然后用一根尖针或钉子沿着所画图样周围的线，每隔 2 厘米，打出许多小圆孔。上课前，把纸模型或一般称做"印花板"的平面压在板上，用沾满粉笔的板擦沿着图样的洞孔轻轻地拍打，粉笔灰就透过小圆孔落到教学板上，露出不十分清晰可见的轮廓，演示时，老师仅需用粉笔画粗线把小圆点连起来，即可向学生展现出精巧的图形。

七、合理安排板位与行列

1. 板位安排

板位安排就像规划报纸的板面一样，应精心设计、严谨布局，决不可满板乱画，使板书杂乱无章。板位安排的基本要求如下：

（1）充分利用

充分利用黑板的有效面积，主要应做到三点：一是四周空间适当；二是分片书写；三是字距适当。

（2）布局合理

在板位安排时，应当注意整体效果，合理布局。哪部分在左，哪部分在右，哪部分位上，哪部分位下，必须有一个全局安排，使之位次适当，措置有序，编排合理，给人一种整体美感。一般来说，应将板面分出若干区域，譬如标胚区、推演区、绘图区、便写区等。标题区比较重要，需要学生注意和记录。通常位于左侧上边，字写得比较庄重、醒目。推演区因内容较多，又要随写随擦，所以应单辟一区，以左右之中为宜。绘图区，可根据图的多少和难易而定。便写区是处理临时隋况用的，通常靠右，以免干扰其他区。

（3）主次分明

在板位安排上，不可主次不分、平面直推。应准确地把板书内容的主次在板位安排上体现出来，才能使学生明确重点，便于理解和记录。需要分层次时，应正确使用层次序号。

2. 板书行列

板书的书写大都站立面壁而书，最常见的毛病是字行写不直，不是偏上，就是偏下，或者是曲曲弯弯，很不整齐，很不美观，既影响学生观察，也不便于板面的充分利用。因此，有必要对这个问题加以研究。

　　总之，精妙的板书设计，能将优美的文字书写、精美的图表、图解和口头讲述糅为一体、相辅相成、相得益彰；它会使课堂增色生辉，使学生精力高度集中，使课堂教学效率大大提高；它能再现教学内容的精髓，能创造一种美感盎然的教学隋景，能给学生以美的享受、情的陶冶和学识的增长。

　　因此，老师必须重视板书艺术。

评价：关注学生的进步与发展

教学即时评价是指在教学过程中，评价者对评价对象的具体表现所进行的即时的表扬或批评。即时评价往往与教育活动过程融为一体，没有严格意义上的评价的方案和评价的结论，强调对具体行为的评判和指导。即时评价是教学评价的重要组成部分，它以教师的口头评价为主，并且辅以适当的体态语言。抓好即时评价，有助于调节课堂气氛，调动学生的积极性，培养学生的创新精神，发挥评价对教学的管理和促进功能。

一、分层评价，扬起学生自信的风帆

学生是独立的个体，他们的知识结构、智力因素、思维发展等方面存在着巨大差异。这种差异有先天的遗传因素，也有后天的教育因素，教师没有必要也不应该首先关注学生的知识和能力上的差异，把他们来进行横比。横比忽视了学生的基础，忽视了学生智力因素的挖掘和转化这一动态过程，使许多学生失去发展的信心，永远落后于他人。

在日常课堂教学中如果教师不注意细节，只用"一把尺"去衡量所有学生的话，那么基础好的学生用不着怎样思考就能回答"好"，这样他们很容易就会变得浮躁起来；中等生可以达到教师的基本要求，但却得不到更好的发展；学困生却因总是得不到教师的肯定，而对课堂产生厌抑之心。这样，不仅打击了学生学习的积极性，课堂也显得索然无味。

针对这种情况，教师在课堂上应尽量去寻找和发现学生的闪光点，从不同角度对学生做出不同层次的评价。让不同的人在课堂上得到不同的发展，真正体现"人人都能学好"和"不同的人学不同的"的教学理念，使每个学生都能在课堂学习中找到自己的位置，对上课产生兴趣，也流露出教师对每个学生的肯定和赏识，拉近师生之间的距离，营造出一种热烈而又轻松和谐的学习氛围，激发学生学习的积极性。

全国著名特级教师李镇西，曾荣获"全国优秀语文教师""成都市有突出贡献的优秀专家""成都市教育专家"等称号。他那诗人般的激情，平等待人的民主教学作风，以及他那随心所欲地驾驭课堂的艺术魔力，能把学生深深吸引住。下面，让我们来看看李老师在教学生读《再别康桥》时的精彩片段。

师：好了，下面请一个同学起来读，读的时候尽量按你的理解，我听你读就知道你理解了多少，谁愿意起来读？（何思静举手）

师：何思静读。咱们男同学也要争取时间读，徐志摩是个男的。认真听，一会儿要评的。

（何思静读错了"似的"，李老师做记录）

（读完后，大家鼓掌）

师：读得很好。掌声就能说明问题。但我只给她98分。有两个字读错了。（有同学小声说"河畔"的"畔"读错了）

生：似的。

师：对，还有一个读音：青春似火。多音字。

师：还有长篙。她读成了hāo（一声）。

师：再请一个同学起来读。还请一个女同学吧。康婕，再别康婕！（大家笑）

（康婕读，声音较低，读完后大家鼓掌）

师：大家鼓掌，说明读得不错。但是我还要问一下，你在读的时候能不能给大家谈一谈你为什么要这样读，为什么要这样处理？

康婕：他有些地方表达……比如说。

师：先请前一个同学谈一谈怎样处理。

何思静：他的第一段与最后一段是惜别的感情，中间还是比较欢乐的。比如："在星辉放歌"，欢乐；"我甘心做一条水草"要读得重一些，对康桥的感情是很深的。

师：刚才你读放歌时声音大，为什么？

何思静：感觉。

师：男同学哪一个读一读？

师：我现在点一个同学，请李镇西同学读一读。李老师不一定有他们读得好，但我可以说我为什么要这样读。

（师读。读完后大家鼓掌）

师：客观地说，我们三个人谁读得最好？（大家齐声）何思静。第二位是谁，我们两个争亚军。

师：下面我们一段一段地一起来读。何思静和我一起做朗诵指导。先读第一节。

师：何思静你来评价一下？（点头）读这一节，哪一个词作基调？

何思静："轻轻的"。

师：他为什么不走得壮烈一些？

生：他比较留恋。

师：我们对喜爱的东西总是轻拿轻放。第一次读得太重，（李老师摹仿）我走了。

师：第一段再朗诵一下，咱们第一段朗诵深受何思静同学的好评。第二节大家读。

师：（第二节完）何思静同学评论一下，哪儿可以更好一些？（何思静点头）呵呵，以鼓励为主。

师："那河畔的金柳"中"金"要重一些，读"新娘"要读得幸福一些。（边示范）"波光里的艳影"，读到这句眼前就要有一片波光。"荡漾"，要读得轻柔。（伴以手的动作）咱们试读一下。学生读第二段，何思静怎么样？

何思静：感觉好一些。

师：第三自然段你给大家说说应该怎么读。

何思静："油油的"应该停顿一下。

师：为什么？

何思静：说不出来。"甘心"重一些，第三句稍微轻一些。

师：示范一下好不好？

（何思静示范）

师：读得太好了，就要像她这样读。（师生一起读这一段）

李老师的课朴实无华，却给人以真正的美感享受，同时李老师深厚的语文功力令人叹服，由此我们得出：教好语文，并不是掌握了多少教学技巧就可以了，关键是教师要有丰富的文学储备。丰富的文学内涵能使语文教师言谈举止充满了文学色彩，给人以美的享受。

学生的差异是客观存在的，李老师面对学习水平参差不齐的学生，为了促使全体学生获得良好发展，尝试在课堂中进行分层评价，根据不同的教学目标，用不同的标准来衡量不同层次的学生，对处于不同学习状况的学生及时进行激励调节工作。

实施分层教学，转变教师教育观念，由过去的"学"适应"教"改变为"教"适应"学"；建立了新型的师生关系，更有利于发挥教师的控制、主导作用和学生的主体作用，调动各层次学生的积极性，让课堂教学充满生命活力，有利于提高学生的整体素质。

二、让学生参与评价，激发学习的主动性

传统课堂教学仅仅局限于教师对学生的评价，教师就是课堂评价的"主宰"，因此课堂上缺乏了学生的参与，学生也就缺乏学习的主动性，缺乏对智慧的挑战和好奇心的刺激。随着课改的进行，大家都意识到，这样的课堂显得不和谐，教师并不是课堂的主宰，不能把自己的评价作为对学生的唯一评价，单方面地对学生进行评价有时难免失之偏颇，应该把评价的权利交还给学生，让学生在课堂上也参与评价，而加强教师评价、同学评价与自我评价的相互结合，才是学生认识自己的有效途径，也可为学生进行自我修正提供最有力的依据，从而有效地促进学生的健康发展。

我们来看下面的案例。

"今天'音乐大舞台'的表演内容是《太阳出来喜洋洋》，最佳表演者可以获得三颗星……"我话音刚落，教室里响起欢呼声。胡朦丹率先带领几个女生走上舞台。声情并茂的演唱，惟妙惟肖的表演，赢得了阵阵掌声。我说："老师给这一组的每个同学加三颗星，你们同意吗？""同意！"学生们齐声附和着。"我不同意。""你为什么不同意？那你说该加几颗星？"我奇怪地问王子成。"今天她们可以加三颗星，只是我对每次都是老师说该加几颗星就加几颗星有意见。有时候我们（指成绩较差又调皮的学生）唱得很好，你最多只给我们加两颗星，她们表演得和我们差不多，你却总是给她们加三颗星，这样不公平，你就让我们自己

来做评委好了。"

学生热烈响应。好，就让学生自己评!

规则就这样定下来，舞台上的节目继续开演：对唱。一曲唱罢，小评委们用手势亮出得星数，大多数同学给了两颗星。"他们唱得很熟练，只是没有感情，所以我扣了他们一颗星。""对唱这种形式很有趣，就是好几个地方没有跟上音乐节拍，所以我也扣了他们一颗星。"

上台表演的学生一组接着一组，不管得到什么等级，学生们对评价结果都能愉快地接受。

让学生开展评价活动是以学生为主体的教育理念的体现。以往的学习评价是教师的事，学生作为被评估的对象，只是学习的主体，以知识的学习与技能的形成为主要任务。学生很少参与评价，缺乏评价的主动性，缺乏相应的能力。学生在学习过程中，对自身和同伴的表现有着自觉、能动的反应——尽管程度不同、范围有限，这些反应往往稍纵即逝，学校生活中丰富的活动，将很快淹没这种内在的评价反应。如果学生参与评价活动，这种反应能被加强和发展，在同学评同学的同时，学生还学会了互相欣赏。因此，在新课程下，课堂评价应融入同学之间的互相评价，体现出多主体参与。

三、个性化评价，顺应自由的发展

传统的评价过分强调统一标准。出于严格要求，教师往往以班里成绩好的学生的回答作为评价参照，于是，大多数学生提出问题和解决问题的能力往往就会不尽如人意。

现代素质教育观倡导学生参与评价后，教学组织形式呈现多样化，学生自主活动的时间增多了。学生在小组内、在班里有了大胆表达自己的感受、意见和结论的机会，再也不是去揣度教师期待的标准答案，课堂上就会出现不同的声音，甚至还会出现一些教师意想不到的"奇谈怪论"。

如果在这时候，教师还以权威去压制这些"奇谈怪论"，以自己的标准答案来进行最终的评价，那只会限制学生的思维，导致学生好奇、探究、创造的内在动力的减退，最终扼制学生个性的自由发展。

名师在课堂评价的标准上，一般强化"自我参照"，就是以学生个体原有水平为标准，从"知识能力""情感态度价值观""方法与过程"这三个角度入手，综合地去评价学生。评价标准因人而异，学生的表现不求完美，只要有进步，就应该给予肯定。这样具有个体性特征的灵活评价，才能促进学生增强自信，发挥其创造潜能。

江苏省练塘中心小学的沈秋萍是位教坛名将，她对那些个性十足的学生的评价，以激励创新为主，尊重学生在课堂上出现的奇思妙想，甚至一些不着边际的想法。

例如，在"正方形和长方形的周长计算"一课中，有这样一题：6个边长都是2厘米的正方形拼成如下的新图形，它的周长是多少？

师：对于这个图形的周长，你是怎么考虑的？

学生们认真地思考着，有人发言了：老师，我发现这个图形的周长由10个2厘米的边长和4个不知道长度的小边长组成。

师：观察真仔细呢！

师：那有谁知道4个小边长的长度吗？

大家都疑惑着。

"我知道，两个小边长加起来正好是2厘米！"学生们惊讶中带着兴奋，相互交换着眼神，大声地议论着。

教师藏起惊喜假装疑惑地说："哦？你怎么知道的？"

生：因为本来是2+2=4厘米，正好和一条2厘米的边长重叠去2厘米，剩下的部分正好就是2厘米，也就是两条小边长的长度。所以，周长就是：2×12=24厘米。

"你真了不起，为大家解决了难题。"沈老师真诚地赞扬道。

生：老师，我有不同的看法。

师：是吗？你给大家说说你的想法。

生兴奋地说："一个小正方形有4条边长，现在6个小正方形就是24条边长，图形中虚线部分正好就是6条边长，那么这个图形的周长就由18条2厘米的边长组成，18×2=36厘米。"也许是因为激动，小脸涨得通红。

"你太让老师佩服了，竟然会想到从小正方形边长总数去掉虚线部分的边长数量考虑，连老师都没想到这一点，不过你再仔细想想虚线部分的边长数量到底是不是6呢？"同时，沈老师向他投去信任和期待的目光。

生：噢！对了，我再仔细想想！

……

在沈老师的课堂上，学生就是一个个发现者，作为引导者的教师要充分相信他们的能力，尊重他们的发言权，把激励的语言、赞赏的目光毫不吝啬地给他们，激发他们内心的学习热情和潜能，在这种轻松、平等的学习氛围里，学生敢想、敢问、敢说，个性得以充分张扬。

四、延迟评价，激活创造性思维

正常情况下，人们由于受思维定势的影响，新颖、独特、有创意的见解常常会出现在思维过程的后半段。

传统的即时评价是学生发表了一两个见解后，教师就急于做出"对"或"不对"的评判。这种教师权威性的评判极易挫伤学生深入探究的积极性，扼杀学生的创新意识和创新精神，助长学生"唯师是从"的依赖性。

一个优秀的教师此时能把握好评价时间的度，合理推迟评价，就能让更多学生拥有更广阔的思维空间，使之可以从不同角度、不同侧面来思考问题、解决问题，最大限度地满足学生参与表现的欲望，让他们就问题展开自由的讨论，互相取长补短，形成正确的观点，这时教师再评价，并对学生进行必要的疏导，这样就能使学生主动参与到探究中来，这更有利于培养学生的发散性思维、求异思维、多向思维等。

特级教师吴正宪上"分数的初步认识"一课时，在学生初步认识了分数 $\frac{1}{2}$ 以后，吴老师问："把一张圆纸片分成两份，其中一份占 $\frac{1}{2}$。这句话对吗？"

学生有的说对，有的说不对。对此，吴老师没有立即做出评价，而是让学生按不同的意见站成两队。

吴老师又说："既然大家对这个问题有不同意见，那我们来开个辩论会吧！认为正确的同学为正方，认为错误的同学为反方。请正反两方推选代表，各自阐述自己的理由。"

正方派出的两位同学，拿出事先准备好的一张圆纸片，从中间对折后撕开。并拿出一片说："我们把一张圆纸片分成两份，这其中一份难道不是占 $\frac{1}{2}$ 吗？"反方同学见状不甘示弱，同样拿出一张圆纸片，撕成大小不等的两片，并拿出一小片，向正方同学反驳道："像这样把圆纸片分成两份，这一小片难道也占 $\frac{1}{2}$ 吗？"就这样，两队同学各抒己见，谁也说服不了对方。

此时，吴老师还是没有做出评价，而是说："认为对方正确的同学，可以站到对方队伍中去。"

正方一些同学陆续站到了反方那边，最后还剩下两名正方代表坚持自己的意见。

吴老师走到这两位同学身边说："能说说你们的理由吗？"

生（正方）：这题是说把一张圆纸片分成两份，我们把圆纸片平均分成两份，难道其中一片不是占 $\frac{1}{2}$ 吗？

生（反方）：你们是平均分成两份。可题目中并没有说平均分啊，难道像我们这样任意分成两份，其中一份也是占 $\frac{1}{2}$ 吗？

生（正方）：……

师：正方还有什么想说的吗？（正方代表无言以对）好，看来是否占 $\frac{1}{2}$ 关键要看是否把圆纸片"平均分"。

在开放性的问题情境下，学生往往会产生丰富的个性化想法。对此，教师该如何评价？美国创造心理学家奥斯本提出的延迟评价原理认为，新颖独特的设想多数出现在思维过程的后半期，思维启动过程中的过早评价，往往会成为思维深入的抑制因素。所以，无论学生的想法合理与否，教师首先应认真倾听，不要过早地做出倾向性的评价，应采取适当延迟评价的策略，给学生思维的展开和探究的深入提供更为充分的空间。让学生在民主、和谐、宽松的课堂环境中尽情联想、畅所欲言，达到相互启发，获得更多的创造性见解的目的。

上述案例中，对于两种截然不同的观点，吴老师没有简单地评判谁对谁错，而是组织了一场精彩的辩论会。引导学生在树观点、摆事实、说理由、评思路富有竞争意味的交流过程中，逐渐理顺思路，实现意见的统一。这种立足于逐步同化的知识感悟，远比教师即时的直白评价有效得多。教师的延迟评价为学生在后续的学习中进行智慧的碰撞、观点的交锋和心灵的沟通，提供了机会和空间，使课堂成了个性飞扬的人文天地。

我们的教学评价就应该像吴老师那样，想方设法去唤起学生的求知欲望，让课堂焕发出创造的活力。

为了培养学生的创新意识和创新能力，教师应把"想"的时间留给学生，把"讲"的机会让给学生，灵活运用"延迟评价"原则，留出充裕的时间让学生讨论、辩论，使课堂教学真正做到"以人为本"。

五、模糊评价，呵护探究的热情

在课堂教学活动中，结论性的精确评价容易给一些学生增添压力，甚至带来伤害，而模糊评价则可以创设一种自由、轻松、开放的探索氛围，激发学生去探索、去发现、去"再创造"。

"一千个读者就有一千个哈姆雷特。"课堂上学生会对教学内容有各种不同的感觉、意见和争论，尤其是在对一些未知领域的探索方面难以精确评价，教师不妨采用模糊性评价。在自主探索学习的过程中，对学生的异见要尊重理解；对学生的误见要宽容引导。

评价的模糊性并不等于武断性和盲目性。评价的模糊性主要体现在制定评价标准时，根据学生的行为特点和心理需要粗化条款，在具体的评分标准上使用模糊性的语言，给学生的行为发展留有一定的弹性空间，引导学生自主、健康地发展。

评价的目的不应是仅仅给学生一个明确的答案，而是应激起学生创新与思维的火花。教师必须充分把握住每个学生的心理反应，设身处地地为学生着想，使学生感受到心理安全和心理自由，使他们敢于提问，不断产生创新思维的火花，最终培养创新能力。理想的评价应该是引导多于赞赏、过程多于结果、开放多于封闭、模糊多于确定，评价的语言不能以一个"好"字来定论。

请看一位王老师在《从古典走向浪漫》一课中的两则实例。

片断一：

师：听完了《第九交响曲》作品介绍，请同学谈谈你有什么体会？

甲：我体会到一股英雄的豪气，仿佛听到他向全世界宣告人类的理想、人类的力量。

乙：当我听到浑厚的歌唱时，我仿佛看到贝多芬伸出巨大的拳头，猛击在命运的锁链上，体会到他不畏强权的精神和通过斗争取得胜利的坚定信心。

丙：庄严的合唱，我仿佛看到无数张热切渴望自由与欢乐的面孔，使人振奋，充满力量。

丁：体会到贝多芬伟大作品的宏大气魄和崇高的思想境界，让人激动不已。

师（总结）：贝多芬曾讲过这样一句名言："音乐应使人的精神迸发出火花。"同学们能有如此体会，正是贝多芬创作《第九交响曲》的思想精髓所在。人们常说听贝多芬作品，一百次欣赏，就有一百次感受，完整欣赏《第九交响曲》需要70多分钟，在此我只选用了第四乐章的合唱部分，请同学们再次欣赏，仔细体会作品有什么风格特征，并分析《欢乐颂》主题。

片断二：

欣赏完《欢乐颂》后。

师：好，听完合唱，请同学们结合浪漫主义特征，谈谈你对这部作品有何新的认识？（请小组讨论，推荐代表回答）

生：这段音乐主题充分体现了作者的主观思想和愿望，即全世界人民团结友爱与欢乐女神共同欢唱，强调主观意识的表现与刻画。

生：这部合唱将庞大的人声与强劲的交响律动结合起来，产生一种不可思议的力量，体现了创新性。

生：合唱中运用了席勒的诗，注重音乐与诗歌等其他艺术形式的结合。

生：这段乐章的标题叫《欢乐颂》，充分体现了它的标题性。

师：看来同学们都有了新的认识，从不同角度的分析来看，《欢乐颂》真的充分体现了浪漫主义特征。

课堂上，常出现这样的情况，当教师提出一个问题，个别学生会马上举手回答，并且答案非常正确，而教师也兴奋地及时表扬学生。这样，一大批同学也许还没有想好，结果却出来了，这些学生的思路一下子就被同化了过去，就失去了思考的价值，课堂变成了只是优等生表现的舞台。还会出现这样的情况，学生的回答是错误的，教师会马上予以否认，这种武断的否定会挫伤学生的学习积极性，也不利于形成畅所欲言的教学场面。当然，错的总是错的，关键是教师的评价不宜太清楚，要让学生说够说透，要引起学生间的争论。在教师没有做出明确评价之前，每个学生都愿意把自己的想法说出来，并且学生会努力使自己的想法与众不同，这对发展学生的创造性思维能力是十分有利的。

当然，教师做出模糊评价应充分考虑学生的个性心理因素，提出建设性意见，激发他们积极发展的因素。

六、"以人为本"，让评价过程更美丽

一年级某班的一堂公开课教学已近尾声，教师用屏幕投射一组巩固题，让学生用"种"等字扩词，并说句话。

生1：农民伯伯在田里种菜。

生2：姐姐在花园里种花。

生3：哥哥在院子里种树。

师：同学们说得真好，掌握得真牢固！（正准备下课，突然教室后面冒出一个声音——）

生4：老师，可不可以说种太阳？（闻听此言，学生们哄堂大笑，老师却"借题发挥"）

师：嘘——可以，但你为什么要这么说呢？（教师眼含情，嘴含笑，轻抚小孩的头）

生4：（满怀信心地）不是有一首歌叫《种太阳》吗？

师：没错，想得多好！我们一起把这首歌唱出来好吗？

生：（齐）好！（师生齐唱）

师：还有谁有独特的想法？

生5：毛主席在井冈山种下了革命的火种。

师：太棒了！你是怎么想到这句话的？

生5：我听爸爸说的。

师：你和你爸爸都很了不起！想听听这里面的故事吗？

生：（齐）想。

教师满怀激情地介绍，学生们似懂非懂，但在教师激昂的情绪感染下，都陶醉地笑了。

上述案例中，如果教师没有"以人为本"的思想，而是以教师为核心，一味地依据自己预设的流程实施教学，面对学生的回答"种太阳"，面对全班同学的哄堂大笑，简单地回答说"不可以"，那么，学生思想的火花就会因此熄灭，创新思维就得不到发展。案例中的教师能够灵机一动，面对课堂上学生发出的响亮声音——"种太阳""毛主席在井冈山种下了革命的火种"，能够给以"想得多好""太棒了""你和你爸爸都很了不起"，诸如此类的评价，关注的是学生学习的发展过程，体现的是"以人为本"的思想。如何让评价的过程如同一丝花香、一股清泉沁入学生的心脾，拨动学生的心弦，产生如此美丽的想象呢？应从以下几方面做起。

1. 评价过程应多一些人文关怀

学生学习的态度、情感、心境与教师对学生的评价有着密切的关系。当学生的某个想法得到教师的肯定后，就会体验到成功，从而会继续深入钻研；反之，如果教师对学生与众不同的想法置之不理，学生的学习兴趣就会消失殆尽。因此，教师对学生的每个问题、每种想法都不要轻言否定，而要多问个为什么——"为什么会有这种想法呢？"多一些人文关怀，充分挖掘其中的合理成分，并科学地进行指导和评价。在课堂上，教师应积极营造民主、平等的教学氛围，充分关注学生的情感体验，让整个教学过程成为教学相长的互动过程，让学生在师生互动中体验成功的喜悦。

2. 评价过程应多一些鼓励

在课堂教学中，口头评价如案例中"想得多好""太棒了""你真了不起"，已成为课堂上师生交流的有效方式，教师这看似平常的话语，却能极大地激发学生的兴趣和主动参与的积极性，最大限度地为学生的发展提供空间。这种"低起点、小目标、勤评价、快反馈"的做法，学生最感兴趣，最容易接受，能使学生增强信心。另外，教师满腔的热情、饱满的精神、丰富的情感，也是对学生的评价，教师的微笑、眼神、动作，都能起着评价的作用。这评价简便、直接、有效，虽然没有量表，也无法记载，但对学生的成长起着重要的作用。

3.评价过程应富有启示性

长期以来，教师评价概念化、形式化现象十分严重。有的教师居高临下，以严师之态、严厉之词评价学生；有的与学生缺乏沟通，不了解学生的内心情感变化，评价肤浅、缺乏个性；有的不是从学生个人发展出发，目光短浅、敷衍了事。"以人为本"的教育理念，要求教师评价学生，富有启示性，为学生的一生发展奠基。评价学生，教师应该走近学生，像朋友一样留心观察每一个学生的态度，富有个性化地评议提醒学生，使学生心悦诚服地接受。另外，在评价中应努力避免千人一面、千篇一律。无论是评价优点还是缺点，都要把握好尺度，既不溢美，也不贬损，这样才能增强评价的感染力，使评价富有启示性，让学生从内心深处感到教师真正关注着自己的成长，从而促使自己反思和改进，并不断努力、不断进步。

七、赏识性评价，催生学习的动力

美国心理学家威谦·詹姆斯曾说："人性最深刻的原则就是希望别人对自己加以赏识。"赏识从本质上说就是一种激励。一个没有受过激励的人仅能发挥其能力的 20%～30%，而当他受过激励后，其能力是激励前的 3～4 倍，因而在学习过程中，赏识可以帮助失败者找回自信，使成功者得到更大动力，使学生重建精神世界的大厦，找回自我教育的能力。

"赏识"在字典中的解释：认识到别人的才能或作品的价值而给予重视或赞扬。新课程要求教师不仅要尊重每一名学生，还要学会赞赏每一名学生。赞赏每一名学生的特性、兴趣、爱好、专长，赞赏每一名学生所取得的哪怕是极其微小的成绩，赞赏每一名学生付出的努力和所表现出来的善意，赞赏每一名学生对教科书的质疑和对自己的超越。

名师课堂上的赏识评价是承认学生差异、允许失败、符合生命成长的规律；是学会给学生竖起大拇指；是化解学生心结，让学生的心灵有个家；是让学生学会用赏识的目光看世界，形成良好的思维习惯；是让学生学会自己快乐并带给别人快乐；是让学生学会与人和谐相处；是呼唤善良，启迪智慧。

新课标提出了多种评价方式，其中最核心的一点，就在于要对学生竖起大拇指，从指责"你不行"转向赞美"你真行"，让学生得到更多的肯定与鼓励，把学生的优点扩大化，让优点来告诉学生自己"我能行"，从而发挥评价的激励功能，促进学生潜能、个性、创造性的发挥，帮助学生悦纳自己、拥有自信。

张老师在教学《广玉兰》一课时，一名学生说："我闻到了玉兰花淡淡的幽香及玉兰花叶片的香，还有它洁净、高雅的品格香，甚至我还闻到了它们这个生生不息的团结的大家庭的香。"教师趁机搬过一把凳子，顺势把她抱上去："请你居高临下，再说一遍，如果还想说什么请接着说，我将仔细聆听。"这一遍，学生更加激情满怀："……要做为人们散发香气的广玉兰的花，那么就让我们做衬托广玉兰经久不败的绿叶吧，我们要支撑着它，让那花香更浓、更纯！"

教师亲自搬凳子，亲自把她抱上去，本身就是一种赞赏，教师是用动作来表示赞赏，教师用自己的行为，激发了她的情感，激起了她的再思考，使其在原先的基础上又有了新的感悟。试想，如果教师在学生的发言后这样说："你的语言很简洁，感受很独特。"学生就可能不会有后面的两句话了。

赏识性的评价，不是姑息迁就，不是放任自流，而是一种爱，一种融温存、睿智、严厉与严格要求相结合的爱，它可以让学生在赏识中看到自己的能力、才华，可以让学生展示自我、发展自我、超越自我。

这则案例启示我们：

第一，给予学生赏识性的评价，能够使学生正确、客观地认识自己、了解自己，培养学生的自信心，激发学习的无穷动力。学生学习不再是为了完成任务，而是为了提高自己的能力，为了自己的目标而努力，同时学生在客观、全面认识自己的时候也能够赏识自己、赏识别人，这对于学生的成长来说十分重要。

第二，教师以赏识性的眼光去看待学生，承认学生的个体差异，允许学生的失败，这样能够消除学生的自卑心理，使学生有一个良好的心理状态，让学生走适合自己的成长道路。因为每一个学生都有适合自己成长的经历和过程，给学生一个良好的心理状态，对学生的发展有着重要的作用。

第三，多用赏识性的评价，学生不但感到了快乐，同时给周围的同学也带来了快乐。在赏识性评价的带动下，学生能够学会与同学友好相处，能够唤起学生善良的心，在得到别的同学帮助后能够表示感谢，同时在自己学习和帮助别人的时候更加积极地开动脑筋、启迪智慧。

总之，课堂教学评价对教学活动起着重要的导向和激励作用。课堂评价作为教学活动中的一个重要环节，贯穿课堂教学的始终。灵活地利用课堂评价好比"春雨""润物"，能使"教"与"学"的双边活动达到和谐统一，可以使学生重拾自信也可以使课堂峰回路转、高潮迭起，使课堂教学充满生机。

结课：一切尽在回味中

　　结课，是课堂教学进程发展的最后一个教学阶段，因为每一节"课"都有固定的教学时间，结课就是将要用完教学时间，打下课铃前的很短时间的一个课堂教学阶段。学生在课堂教学中经过近 40～45 分钟的高强度学习，普遍出现疲惫状态，有些学生甚至开始出现分心的情况。因此，结课作为一个教学阶段虽然时间短暂，但却是学生最容易出现课堂问题行为的时候，也是教师最难调控课堂教学的时间。教师做好这个短暂阶段的课堂组织工作，对维护正常教学秩序、圆满完成一节课的教学任务至关重要。教学组织工作做得好，一节课从头到尾就组成了一个完整的教学过程；教学组织工作做得不好，课堂教学就有缺陷，学生的学习也会受到影响。所以有人说，一节课仅有"凤头"和"猪肚"，缺少"豹尾"，算不上一节好课。

　　我们先来看一个经典的教育案例。

全国著名特级教师窦桂梅老师教学
《难忘的一课》的结课片段

　　在悠扬婉转的《思乡曲》中，师生共同深情地朗诵著名诗人余光中先生的《乡愁四韵》。

　　师：看得出，此时此刻，同学们的心已经沸腾，还有什么话足以表达我们那份心情呢？只有那一句——

　　生（读）：我是中国人，我爱中国！

　　师：放声朗读，来表达你此时的情怀吧！

　　（学生再读）

　　师：下面，请大家拿起笔，再写一写这句话，并将这句话永远地镌刻在你心灵的深处。（师生共同写话，教师用红笔）

　　（生一个个凝神静气地、庄严地、神圣地含着热泪写这句话）

　　师：想读就读吧！

　　生：我是中国人，我爱中国！

　　生：我是中国人，我爱中国！

师：语气虽然不同，但感受和认识一样的深刻。

师（激情地）：同学们，通过这堂课，相信你们一定记住了"我是中国人，我爱中国"这句话。世界上什么都可以选择，但唯独不能选择的是自己的母亲、自己的祖国。或许有一天，你身在国外，请你也别忘了今天的这堂课，更不能忘了这堂课里你记住的"我是中国人，我爱中国"！我们大家再读一下这句话吧！

生（铿锵有力地）：我是中国人，我爱中国！

师：读得太好了！同学们，咱们今天上的不是普通的语文课，而是一堂人生感悟课，因此这也就称得上是——

生：难忘的一课！

（教师在课题后加上感叹号，在全场的掌声中结束教学）

案例中，窦桂梅老师声情并茂，学生情绪高昂，历经了一次思想的洗礼。窦老师把文中所蕴含的情感恰到好处地加工、提炼，从而在教学中收到了以情生情、以情促知、知情并育的效果。可以想象，课虽然结束了，但学生们在经历了这样一次刻骨铭心的情感体验后，心灵深处一定烙上了鲜红的"中国印"。

好的结课，能给人以艺术上的享受，但这绝不是教师只凭灵机一动就能达到的效果，而需要教师增强对教学结课的设计意识，挖掘教材，对这一环节精心设计、创新，才能不断提高结课的艺术水平。

方式多样，不拘一格

结课的方式很多，教师要根据课堂教学的具体情况，灵活采用，不要总是一个模式，具体说来，结课方式主要有以下几种。

1. 梳理内容式

讲课结束前，把当堂所讲内容进行一番梳理，把重点、难点再突出强调一下，把知识结构与脉络厘清。例如，有的教师在课堂教学结束时通过谈话法让学生小结：我们这节课学了哪些知识？哪些是最重要、最关键的？还有哪些疑难问题需要提出来等。这是一种切实可行的方法。

2. 归纳总结式

归纳总结式与梳理内容式有联系也有区别，其侧重点是引导学生以准确简练的语言，对课堂所讲知识进行总结，以归纳出一般的知识结构、解题规律和方法等。这种归纳可以是当堂的课，也可以是有联系的几堂课。例如，讲完一篇课文后，归纳一下这篇课文应掌握的字、词、句等；讲完几种因式分解的方法后，把这几种方法归纳总结一下。

例如，有位历史教师在讲"第一次世界大战"后的结语是："这一节课简单地说可以小结为'一、二、三、四、五'。一个原因：帝国主义为重新瓜分世界争夺霸权的斗争。两个侵略集团：三国同盟和三国协约。三条战线：西线、东线、南线。四大战役：马恩河、凡尔登、索姆河和日德兰海战。五个年头：从 1914 年到 1918 年。"这段利用几个数字巧妙地进行归纳的结语，提纲挈领，概括明确，使学生在饶有兴趣之中巩固了知识，又在头脑里留下了清晰、整体的印象。

3. 首尾呼应式

课堂教学结束时呼应开头提出的问题，以便给学生一个清晰、明确的答案。例如，在上《花儿为什么这样红》一课时，设疑导入时可以设问学生：桃花、杏花、芍药花等为什么呈现出红色？讲完课文后可以回应一下这个问题，使学生有一个前后照应、结构完整的感觉。

4. 左右沟通式

所谓左右沟通，是指相关的知识结构之间、相关的学科知识之间的横向联系。例如，讲完一篇议论文，结束时可与相关的记叙文或说明文比照一下；讲完有关行程、溶液等应用题解法时，可与有关的物理、化学知识相对照。

5. 指明规律式

课堂上分层分步讲完知识后，结束时应综合归纳一下，指明知识的联系规律或解题规律。例如，有的教师讲完"组合图形面积计算"后，给学生归纳了四步解题规律：①分解图形；②分别求出；③求和或差；④验算并写答案。数学、物理、化学课等，可多采取这种方法。

6. 画龙点睛式

在讲完课堂内容的基础上，结课时用几句话点明课的精华所在，使学生对关键问题豁然开朗。例如，讲解《药》一课时，分析完全文之后，末尾点明这篇课文为什么以"药"作为题目，这样有什么深刻含义，能较好地起到画龙点睛的作用。

7. 概括中心式

在课堂教学将要结束时，教师引导学生用几句简练的话把一堂课所讲的知识中心或主题思想概括出来，以帮助学生删繁就简、去粗取精、把握中心、明确主题。这样的结尾方式，不仅有利于学生集中精力更深刻地理解和记忆知识，而且有助于学生更准确地运用知识，受到深刻的教育。

8. 提炼升华式

如果说归纳总结式和概括中心式是对课堂讲授内容进行归纳、概括和总结的话，那么提炼升华式则是在此基础上对讲授内容进行整理、挖掘和提炼，揭示其深刻的内涵。这不仅可以帮助学生理解课堂教学内容的深刻含义，而且起到画龙点睛的作用。例如，有的政治教师在讲授邓小平同志提出的"一国两制"理论时，往往是在讲完"一国两制"的提出、内容和意义之后，末尾又着重阐述了"一国两制"是对马克思主义理论体系的新贡献。这就将所讲的内容提炼升华到一个新的高度。

9. 省略中止式

把课堂教学的高潮放在结尾，在高潮处戛然而止，给学生留有余味，留有思考的余地。例如，讲授《荔枝蜜》一课时，作者在文章末尾写道：我做了一个奇怪的梦，梦见自己变成了一只小蜜蜂。教师讲到这里时可提问：作者为什么写"梦见自己变成了一只小蜜蜂？其含义是什么？同学们课下可以考虑、讨论。"然后戛然而止，课虽完而思未尽，这样能收到良好的效果。

10. 延伸开拓式

课堂教学结束时，有目的地把所讲知识延伸到课外，以便加强课内与课外的联系，为课外学科活动创造条件。例如：对"多种方法解应用题"，课堂上可只讲一种，结束时布置学生课下用别的办法解；物理、化学、生物课等涉及实验采集标本的，可以布置学生课下进行实验、采集标本等，这样可以利用课外活动培养学生的发散思维与实践操作能力。

11. 含蓄暗示式

课堂教学结束时，不把某些问题的现成答案告诉学生，而是在稍微启发之后让学生课下去思考。例如，讲完《七根火柴》一文后，可以布置学生写一篇读后感——《七根火柴的启示》。结课前可以暗示一下学生从哪些方面去思考，这样既把教师的意图体现出来，又能启发学生思维。

12. 象征寓意式

讲课结束时揭示讲授内容的象征意义或其包含的深刻寓意，以帮助学生加深对所学知识的认识。例如《雨中》一课，在讲述了放学的小学生及各色行人帮助一位姑娘捡翻落在地上的苹果的故事后，末尾写道："满满一箩筐大苹果，又回到了货车上。"这句话别有一番意义——关心他人、助人为乐思想的美好和精神的高尚。讲授结束时给学生点明这一象征寓意，可以加深学生对课文的理解。

13. 异峰突起式

在课堂教学结尾时有意制造一个小高潮，以加深学生的印象。例如，讲授"质数"时，一位教师在结课阶段说：我国著名数学家陈景润研究哥德巴赫猜想，在国际上享有很高的声誉。现在我们根据已学知识也来做一道"哥德巴赫猜想"题。出示 24＝（　　　）＋（　　　）＝（　　　）＋（　　　）＝（　　　）＋（　　　）。请找出不同的 3 组质数，使它们的和分别是 24。学生积极动脑，争着发言，结课前形成一个小高潮。

14. 激发感情式

在课堂教学结束时，教师可根据课程的特点，用充满热情而又具有鼓舞性、激励性的语言把学生的情感激发起来，或用含蓄深沉的话语促人深思，耐人寻味，使学生从思想上受到启发、鼓舞，进而成为推动学生探求新知识的动力。例如，某教师在讲授《松树的风格》一课结尾时，用了简短而又充满激情的语言赞美了松树的风格，激发和鼓励学生要像松树那样百折不挠、坚忍不拔，形成良好的个性品质，努力使自己成为具有共产主义风格的人。

15. 引导观察式

课堂教学结束时，着意引导学生运用所学知识观察有关事物或社会现象，以培养学生的观察能力。例如：学了《看云识天气》，可引导学生观察天空中云的变化；学了《水循环》，可引导学生观察水在不同气温下的变化；等等。

16. 联系实际式

为了巩固和应用课内所学的知识，激发学生的学习兴趣和求知欲望，培养他们的各种能力，在课堂教学结束时，也可采用多种多样的联系实际的方式。例如：政治课可引导学生将所学知识与具体实际联系起来，进行分组讨论，以加深学生对问题的理解，培养他们分析问题的能力；物理、化学课可根据课堂所学的知识，组织学生进行物理、化学实验，培养他们的实际操作能力；地理、生物课可指导学生运用所学知识观察有关社会现象和自然现象，培养他们的观察能力；语文、体育、音乐、美术等课程还可展示并评价学习成果，进行知识、技能竞赛，以增强学生的成就感，激发他们学习的积极性。

17. 竞赛抢答式

把所学知识化为竞赛试题，在课堂教学结束时用小组竞赛或个人抢答的方法，使学生在热烈的竞赛抢答中巩固所学知识。这样可以激发学生的学习兴趣，增强学生的参与意识。例如，学了"名"的几种含义后，可让学生列举带"名"字的成语，然后解释"名"在成语中的意思，看谁列举得又快又多。

18. 分组讨论式

讲授结束时，把课堂教学的重点、难点罗列出来，让学生前后桌两人一组或者几个人一组讨论，以加深对问题的理解。

19. 表格填充式

课前预先设计好表格，结课时出示表格，让学生根据课堂练习内容进行填写。例如，讲授解放战争的三大战役时，可预先设计好三大战役填充表，分时间、地点、歼灭敌军人数等栏目，让学生填写。

20. 对比式

在课堂教学结束时，各门学科都可以采用比较、分析等对比的方式来明辨事物的异同，从而获得其本质认识以结束全课。例如，有一位中学特级教师在讲授《论雷峰塔的倒掉》一文时，最后结课总结本文，启发学生思考"杂文"是一种怎样的文体时，是通过"这篇文章有叙事，有议论，是以叙事为主，还是以议论为主？这篇文章是针对什么写的？这篇文章跟一般的议论文在写法上有什么不同？"这三个问题的对比分析，从而得出杂文是"文艺性的社会论文"的结论，使学生初步认识了"杂文"的文体特点。

课堂教学结课的组织方式还有图示式、图表式、游戏式、故事式、儿歌式、猜谜式、音乐式等，教师在使用时要注意灵活运用。结课无定法，妙在巧用中。绝妙精彩的结课是教学内容与组织方式完美的结合。结课方式运用得好，不仅可以归结全篇、深化题旨，而且可以巧设悬念，使学生展开联想与想象，达到扣人心弦、引人入胜的效果。因此，每一位教师都应从教学的实际需要出发，重视并进行结课的组织方式的学习与研究，不断地总结、创造与运用课堂结课方式，提高课堂教学效果。

创新：创设动人的教学情境

在课堂教学过程中，教师为实现教学目标，依据一定的教学内容，要创设出一种以形象为主体的、具有很强感情色彩的场景和氛围，以引起学生一定的态度体验，把学生的认识过程置于特定环境中，促使学生积极主动地理解教学内容，深入体会思想感情，从而形成教学小高潮。它对于课堂教学起着很重要的作用，它是通过教师创设的悦目、悦耳、悦心的情境，调动学生的多种感官参与学习，从而激发学生的学习兴趣，促进其思维和认识的发展。

苏联教育家赞可夫认为："智力活动就是在情绪高涨的氛围里进行的。这种氛围会给教学带来好处，同时也有助于完成教学任务。"苏霍姆林斯基也指出："学习愿望的源泉在于儿童智力劳动的性质，在于思想的感情色彩，在于理性的经验。"这表明教学情境是建立在儿童心理特点基础上的。他还提出："所谓课上得有趣，这就是说，学生带着一种高涨的、激动的情绪从事学习和思考，对面前展示的真理感到惊奇甚至震惊；学生在学习中感受到自己的智慧力量，体验到创造的快乐，为人的智慧和意志的伟大而感到骄傲。"可见，在教学中，教师要想办法使学生在一种高涨的、激动的情绪推动下来思考、感受和体验。所以说，创设动人的情境是成功的教学不可缺少的环节和艺术媒介。

但在实际课堂教学中，还常常看到很多情况下教师台上"津津有味"地讲，告诉学生"这个概念"是什么，"那个概念"怎么理解……显然，教师讲得卖力、全面、透彻，可从学生反馈来看，学生的"接受"与教师的"传输"并不成正比。究其原因是教师缺乏有效的情境创设。

那教师应该怎样创设动人的情境呢？

要创设动人的情境，教师必须吃透教材，深刻地挖掘教材中的情与境的因素，在教学过程中，准确、鲜明、形象、生动、适时地创设出符合教育规律和儿童认识规律的情境来，以利于打开学生情感的"闸门"，激起学生强烈的求知欲与情感共鸣，激活学生的思维。

创设动人的教学情境，可采用以下几种方法。

1. 生动讲述法

讲述是课堂教学的最基本的形式，因而生动讲述法也是创设教学情境的最基本、最常用的艺术方法之一。为此，要求教师以丰富的感情寓于形象化的叙述之中，以师情激生情，以师心动生心。

2. 观察演示法

观察演示法，即通过观察、演示、进行小实验等方法来创设教学情境。比如，有位教师讲《繁星》一课，为帮助学生较好地理解作者创作本文的心态、背景，他预先做了一个投影，上课时把天花板当做天空，当投影仪的开关打开，天花板上群星灿烂，学生仰望"天空"，较好地体验到了夜间星空的情趣及作者当时的心情。

3. 组织讨论法

讨论是一种生动活泼的教学形式，它的效果是单纯讲授不能替代的。课堂讲授中适当组织讨论，可以创造出一种师生共同参与的积极和谐气氛。讨论使学生体会到贵在参与，可较好地提高学生的积极性和主动性。

4. 质疑问难法

质疑问难法就是通过教师有目的地设置疑问，创设问题情境，吸引学生积极动脑，主动学习。例如，讲授"输血与血型"一课，一位教师创设了一组问题情境：①什么叫血型？什么叫 AB 血型？②血型是怎样判断的？你会验血吗？③为什么 O 型血的人被称为万能输血者？④在输血前为什么要做交叉配血实验？这组问题逐个深入，形成贯通全课的问题情境。

5. 联系实际法

课堂教学中适当联系实际，创设教学情境，可以加深对教材内容的理解，激发学生的学习兴趣。例如，有位教师讲"青春与理想"问题时，联系现实生活中的有关事例让学生讨论，使学生明确了是非，增长了学习热情。

6. 音、美配合法

利用音乐、美术来配合讲授，创设教学情境，可以充分发挥音乐、美术的美感作用，通过对学生进行审美、创美教育，培养学生的创造思维能力。例如，有位教师讲《金杯之光》一课时，讲到我国女排历尽艰险、顽强拼搏，夺得世界冠军时，就在黑板上展示出一幅鲜艳的五星红旗，并打开录音机，播放雄壮、激昂的国歌，学生不约而同地站起来，向国旗行队礼，感情无比真挚。此时由于情绪的感染，在学生心里激发出长大也要为祖国争光的强烈愿望。

7. 实物刺激法

实物刺激法，即用与教学内容有关的实物，带领学生到大自然或社会课堂中去，创造出一种刺激氛围，去激发学生的情感体验或学习创作欲望。著名教师李吉林就很重视这一点，她经常带领学生投入大自然的怀抱，从求实、求近、求宽的角度去优选周围世界的生物场景，并因地制宜，在学校附近的田野建立野外活动基地。

8. 师情感染法

常言说，情感、情感，以情感情。这是人际关系中常用的方法，也是教师创设教学情境常用的方法。比如，一位教师在讲《周总理，你在哪里》一课时，首先从自己满怀对周总理的无限哀悼之情讲解，讲到悲痛处，教师泪落不止，他的情绪感染了学生，学生也立刻进入角色，教学效果非常突出。

创设动人的情境，除了灵活运用以上几种方法，还要注意：准确把握教材的感情基础和实质性内容，准确把握学生的心态变化，特别注意的是学生的"期待心理"与"满足期待心理"，还要设身处地用真情实感去感染学生，要用学生的眼光去看世界，这样才能准确满足学生的心理需要。

小学语文《荷花》一课，课文第四、五节是全文的难点，写的是作者想象了荷花的动态美，字里行间充满了赏花、爱花的无限情趣。一位教师在教学中通过创设令人心驰神往的情境，使学生入境入情，收到了很好的教学效果。

在教学中，通常都是播放有关录像资料片，对学生说："面对一池荷花，我们产生了怎样的联想呢？"随着悦耳的水乡乐曲声，屏幕上出现了赏花人幻化为荷花的情景：微风吹拂，荷花摇曳随风起舞；轻风稍停，荷花便悄然玉立。蜻蜓点水、小鱼遨游……多么令人陶醉的荷塘美景！学生们都看入迷了，爱花之情愈来愈浓。接着教师放音乐，在优美动情的轻音乐中，教师让学生微闭双眼，娓娓诱导："我忽然觉得自己怎么啦？一阵微风吹来，我怎么啦？风过了，我又怎么啦？蜻蜓飞过来，告诉我清早飞行怎么快乐？小鱼游过，告诉我昨夜做了什么好梦？"学生在教师充满柔情的点拨之下，张开想象的翅膀，生动地描述着："我也成为荷花了，穿着洁白的衣裳，随风舞蹈；风过了，我在荷花丛中休息，和蜻蜓谈话。蜻蜓闻到荷花的清香，看到了荷花的娇容，落在花瓣上不愿离开呢！""小鱼昨夜梦见下雨了，荷叶微微抖动，为它遮挡雨滴……"

学生边诵、边读、边赏析，气氛十分活跃，不仅使学生得到美的享受、美的熏陶，而且还发展了学生听、读、说的技能，培养了学生的欣赏、想象、思维等诸方面的能力。

总之，通过创设动人的情境，再现课文所捕绘的情景，能使学生如闻其声、如见其人、如临其境，把学生带入与教材内容相应的气氛中，使师生共同进行一种情景交融的教学活动；能够大大提高课堂教学效率，使教学成为具有吸引力的有趣而有意义的活动，对培养学生情感、启迪思维、发展想象、开发智力都具有重要作用。

朗读：绘声绘色

朗读是清晰响亮地把文章念出来；绘声绘色是形容叙述或描写生动、逼真。绘声绘色的朗读是指教师引导学生用富有感情和感染力的语音、语调、语速等反映教材内容，表现教材意境。在课堂教学中，运用绘声绘色的朗读，能激发学生的学习热情，充分调动学生学习积极性和情感因素，使学生全身心地投入学习中，从而形成教学小高潮。

绘声绘色的朗读，在语文教学中具有十分重要的作用。它有利于学生理解教材内容，促使学生更加深入地体会教材的思想感情，能培养和提高学生的朗读技能，学习和掌握朗读技巧，全面、和谐地发展学生动口、动脑、动手的能力。同时，它能面向全体学生，使每个学生都有尝试的机会，都能感受到朗读带来的成功和快乐。同时，教师的示范朗读，有时像清澈见底的涓涓细流，淌入学生的心田，给学生一种雨润禾苗般的纤浓美；有时如大江东去，激情澎湃、气势磅礴，给学生一种激越雄壮的豪放美；有时似高山流水，错落跌宕、层层推进、飞流直下，给学生一种多姿多彩的飞动美，使他们不断地从"知之者"向"乐之者"转化，增强他们学习语文的自觉性。

1. 深刻领会课文的思想内容

这是朗读的先决条件和基础。要读好一篇文章，首先须要充分地理解这篇文章。朗读时，教师必须反复揣摩、正确把握文章的中心思想和感情基调，深入了解作品的时代背景和作者的思想状况，仔细推敲词句的微妙含义，做到"披文入情"，真正进入课文的境界。只有这样，才能把文章的丰富内涵准确生动地再现出来。例如，朗读茅盾的《白杨礼赞》一文，首先要了解，这篇文章写于抗战相持阶段，作者是从解放区人民身上看到了民族解放的前途和希望，受到了极大的鼓舞后，写下这篇文章的。文章热情赞美白杨树，旨在歌颂在中国共产党领导下坚持抗战、顽强不屈的北方农民，赞美他们身上表现出来的朴实、坚强、力求上进的民族精神，同时也表现作者"抗战必胜"的坚定信念。理解和把握文章的这一深刻内涵和感情基调，是朗读好这篇文章的基础和关键。

若是对文章一知半解，甚至理解错误，良好的朗读效果便无从谈起。例如，鲁迅在《为了忘却的纪念》中写道，他正在惦念柔石时：

但忽然得到一个可靠的消息，说柔石和其他二十三人，已于二月七日夜或八日晨，在龙华警备司令部被枪毙了，他的身上中了十弹。

原来如此！……

这里的"原来如此！……"一句，具有十分丰富的含义。从"毫无确信"的牵挂，到等到了这么一个"可靠的消息"，焦急的盼望得到了这样残酷的回答。"原来如此！……"表现了作者无限悲愤和沉痛的心情：反动派竟卑劣凶残到"如此"地步！柔石等人竟会遭到"如此"残忍的杀害！当局竟会"如此"对待像柔石这样的青年！句中的感叹号表明作者强烈的震惊和愤怒，省略号中则包含了许多难以尽述的愤恨和对死者思念的哀悼之情。朗读这句时应以沉重悲愤的语调一字一顿地读出，把上述丰富复杂的感情都体现在其中。可是有的教师却只体会到这句话的字面意义，认为这只是表达了由"毫无确信"到突然知道了"可靠的消息"的恍悟，而对其中丰富复杂的言外之意却不甚了解，因而以平静的语气来朗读这句话，使语句的内涵无法得到体现。

2. 娴熟地运用各种语言技巧

光对作品有深刻的理解是不够的，还要善于传达。要能娴熟地运用朗读的各种语音技巧，准确地把自己从课文中了解体验到的丰富细致的内容真实地再现出来。语音的技巧各种各样，如停顿、重音、快慢、高低、升降等，这些对于表达文章的思想感情都具有不容忽视的作用。可以说，其中任何一个因素都会影响朗读的效果。读一篇文章时，各种技巧是综合在一起发挥作用的，因此必须重视它们的配合运用。若只注意某个因素，而忽视了其他因素，就会影响朗读的整体效果。请看音乐舞蹈史诗《东方红》中的一段话：

黑暗的旧中国，地是黑沉沉的地，天是黑沉沉的天。灾难深重的人民啊，你身上带着沉重的锁链，头上压着三座大山。你一次又一次地呼喊，一次又一次地战斗；可是啊，夜漫漫，路漫漫，长夜难明赤县天……

这段话重在表现旧中国的黑暗与人民的抗争。把握感情基调，综合运用各种语音技巧是读好这段话的关键。第一句，语速要放慢，音量要低沉，"黑暗"和两个"黑沉沉"要读重音，"地"和"天"之后应有较长的停顿，句调用降抑调，重在渲染一种沉重的气氛。第二句，仍用较慢的语速、较低的音量，"灾难深重""沉重""三座"等词语重读，提示语用高升调，后面部分则用平直调。第三句，前半句加快语速，加重音量，两个"一次又一次"重读，句调用高升调，突出人民抗争的力量；后半句语意急转，语速减慢，音量放低，"夜""路"和"难明"后稍作停顿，两个"漫漫"和"赤县天"以轻显重，句调用降抑调，进一步突出沉重、黑暗的氛围。

强调综合运用语音技巧，并非意味着平均使用力量，根据内容的需要，有时可以某种技巧为主，其余配合使用，上面这段话在朗读时，语速应放在最突出的位置上。

3. 以读动情，以情激趣

心理学研究表明，青少年学生的内心世界是一片汹涌的大海，从来没有平静过，他们渴望丰富的情感体验，强烈的情感共鸣，适当的情感宣泄。语文教材中有大量的情景交融、情理兼备的好作品，需要我们语文老师去充分利用，去挖掘其各种因素，去采取各种手段调动学生的情感，激发学生学习兴趣。

那么，情为何物？如何引趣入情呢？上面已经谈过，意思是情要系于教材，情要系于教学目的，情要系于学生心理。文情、师情、生情三者要融为一体，教学就会妙趣横生，教学高潮就会一浪高过一浪。当然以情为铺垫、引趣人情的形式很多，而以读动情、以情激趣也是一种好的形式。

我们来看朱自清的散文《春》的教学案例。

教师先在黑板上写一个斗大的"春"字，接着他利用语言艺术的优势，用抑扬顿挫的语气说："一提到春，人们的眼前就会呈现出春光明媚、万象更新、百鸟争鸣、生机勃勃的景象。人们热爱春天，描写春天。古往今来，文人笔下的春天百花齐放、绚丽多姿、令人神往、令人陶醉。"一席话像清泉流入了学生们的心田，像洪钟敲响了学生们的心灵，使学生们产生了强烈的情绪体验，学生们目不转睛地注视着教师。"大家想想看。

171

唐朝大诗人是怎样描绘春天的？"学生的情绪再也抑制不住："两只黄鹂鸣翠柳，一行白鹭上青天……"学生们脱口而出。"北宋诗人王安石在他的《泊船瓜洲》里又是怎样描绘的？""……春风又绿江南岸，明月何时照我还。"学生们诵读如流水，应答如爆竹。"苏舜钦的《淮中晚泊犊头》又是怎样描绘春雨春潮的？"教师和学生们一块吟起了咏春的佳句。琅琅诗情音收住，诗意将学生们带入春境，学生们的情弦被拨动。这时，教师满怀激情地说："同学们，爱我们家乡的春天吗？"（爱！）"我们家乡正值阳春三月，你们每天上学的时候，看到了哪些春景？鸟儿是怎样叫的？花儿是怎样开的？树上的枝条是怎样摇曳的？田野里，山坡上又是什么样子？能不能描绘出来？"学生们静静地听着，随即小声议论起来，但没有人马上举手。这时教师抓住学生们思维的契机，语锋一转："好，让我们先来看看朱自清先生是怎样描写春天的。"

三首古诗的回味和吟诵已使学生们心驰神往。春天美丽的景色使学生们向往、倾倒、沉醉，诗的意境一次又一次掀起学生们情感的波澜，学习的兴趣随咏春、爱春之情的起伏逐渐高涨，这时教师趁势将学生们的思维引导到朱自清的《春》的教学上来。在教学过程中学生们在理解的基础上一遍又一遍地满怀激情吟诵诗句，这样既圆满地推进了教学的主旋律，又将学生们的兴趣，再一次推向新的高潮。这样的情境创设，以读动情，以情激趣，不仅一峰三叠，又见峰回路转，真可谓妙哉。

4. 以动助读，边读边舞

以动助读、边读边舞是在学生理解教材之后，为了复习巩固新知，深化理解内容，进一步激发学生的积极性而采取的一种方法。它是指在绘声绘色朗读过程中，配上形体动作，将头、脸、眉、眼、手、臂、身、腿、脚等多种感官协调参与，它会使学生对朗读产生极大的兴趣，提高朗读效果。尤其是低年级小学生形象思维占主体，他们的思想感情表达也是比较明显的，他们想到哪里，手就动到哪里，他们心理的变化，如高兴、难过都会反映在脸上。根据这些心理特征，教师指导学生以动助读、边读边舞，会使学生兴趣盎然，消除学习疲劳，会将教学推向新的高潮。

例如，《鹅》这首诗，全文共有十八个字，生动地捕绘出一幅白鹅戏水的美丽图画。诗中有声有色、有静有动、有景有情、情景交融，深刻表达了诗人喜爱白鹅的情感。

教师教这首诗，除了先打出彩色投影让学生们直感画面中白鹅浮绿水的形象，水里还出现游动着红色脚掌的美丽情景，帮助理解词句，想象白毛、绿水、红掌三色衬在一起的色彩美。教师立刻问学生："这几种颜色浑然一体美不美？""美！"学生异口同声地回答。在理解词句的基础上，教师放上录音朗读，学生们先是随着轻声吟诵，录音停止，学生们放声自练，这时人人轻轻摇头，个个朗朗上口，都尝到参与朗读机会的快乐。接着教师说："我们一边读一边加上动作好不好？""好！"教师又放起了轻音乐，随着乐曲声响起，教师让学生学他的样子，先伸出右臂呈弯曲状，再将右手高高抬起做鹅头向天点头示意高歌的动作，并读出"白毛浮绿水"一句，最后将两手垂在身后做"拨"的动作，并读出"红掌拨清波"一句。"请同学们再练几遍。"语音未落，学生们情绪高涨，随着乐曲声个个边舞边读，边读边想白鹅浮在绿水上愉快戏耍的可爱形象。这时学生的脸上露出甜美的笑容，好像真的看到了一只只活生生的白鹅在绿水里嬉戏玩耍的情景。这时，教师问一位女孩："你有什么感觉？"她说："我读着读着，好像自己也是一只小白鹅在水中游。"一位男孩说："我读着读着好像听到鹅的叫声，看到它们游水的样子和那美丽的颜色。"

这种朗读训练是在新颖活泼的形式中进行的。通过朗读训练，学习既理解了诗句内容，掌握了朗读技巧，又激发了朗读兴趣，培养了表演能力，是一种令学生愉悦的训练方式。

5. 语体不同，读法有别

根据思维基础、言语特点和交际目的的不同，我们可以把语体分为实用语体和艺术语体两大类。这两种语体具有各自不同的特点，朗读时必须注意它们的差异，才能做到绘声绘色。

（1）实用语体的朗读

实用语体包括科技说明文、应用文、论说文等。中学语文中的说明文、议论文，中学的数学、物理、化学、生物、劳技、政治、历史等课文均属实用语体。实用语体以逻辑思维为基础，具有抽象性、理智性、科学性、平实性等特点，朗读时必须紧扣这些特点，做到条理清楚、准确明晰、质朴平实。

条理清楚。要求读出文章叙述情况、说明事物、议论事理的逻辑次序，做到有条有理、层次分明。朗读时要弄清文章的结构布局、表达顺序，是由先及后还是由后及先，是从内到外还是从外到内，是由近及远还是由远及近，是由总到分还是由分到总，等等，都要分析清楚，并通过语音手段予以显示。一般地说，层次间用较长的语音停顿，提起性、衔接性或呼应性的词语要读重音。例如下面一段话：

绿色植物既有呼吸作用，又有光合作用。光合作用利用太阳的能量，把二氧化碳和水等无机物转变成有机物，放出氧气；呼吸作用消耗有机物和氧气，生成二氧化碳和水，提供能量，使植物体的各种生命活动得以完成。光合作用和呼吸作用是互相对立又互相依赖的过程。（初中《自然科学》）

这段话的组合方式是：总—分—总。交接处应有较长的语音停顿，句间衔接性词语"光合作用""呼吸作用"要读重音，这样可使文章的层次表现得更加清晰，语意更加突出。

准确明晰。要求确切地读出文意，不出错，不含糊，给人以鲜明的印象。吐字要准确，例如不要把"发生"读成"花生"，把"原料"读成"颜料"，把"直线"读成"切线"或"极限"，等等。停顿要合理，不能在不该停的地方停顿，以致产生误会。速度要适中，尤其不能过快，造成音节界限不明，影响理解。要恰当使用重音，特别在信息的重点处要以重音予以突出。例如《雄伟的人民大会堂》中：

万人大礼堂，里面宽七十六米，深六十米，中部高三十三米，体积达八万六千立方米，像一座大厦。

朗读这些精确的数字丝毫含糊不得，需要重音予以突出，给人以清晰的感觉。

质朴平实。要求读出应用语体质朴平实的风格特点。在语气音量上不作夸张渲染，读得朴素、实在，接近于生活语言，这一点与艺术语体注重情感和形象，强调艺术夸张和渲染大不一样。

（2）艺术语体的朗读

艺术语体，可分为韵文体和散言体两大类。韵文体包括诗、词、曲、赋等；散言体包括散文、小说、戏剧、相声等。中学语文中许多课文属于艺术语体，艺术语体以形象思维为基础，具有情感性、形象性、音乐性和变异性等特点，朗读时必须注意把握这些特点。

首先，要准确再现作者的思想感情。任何一部文艺作品，无论是韵文体，还是散言体，都渗透着作者的情感。只是表达的方式和程度不同而已，有的直抒胸臆，有的借景或借事抒情；有的强烈奔放，有的含蓄幽婉。朗读时，必须准确把握作者的情感脉搏，并通过各种语音手段恰到好处地予以体现。例如柯岩的《周总理，你在哪里》的开头一节：

周总理，我们的好总理，
你在哪里呵，你在哪里？
你可知道，我们想念你。
——你的人民想念你！

诗句表达了作者对周总理无限的崇敬和深切的思念之情。朗读时应带着深情，以呼告的口气来读，语速稍慢，反复的词语重读，并加重语气，通过词语的回环、语调的扬抑，强化对总理的思念之情。

其次，要充分展示人物形象的性格特点。文艺作品主要通过刻画形象来反映生活，不同的形象有不同的性格特点。这种特点是通过作品的叙述、描写和人物对话等表现出来的，朗读时必须准确把握。要了解不同人物在不同情况下的特定心理，想人物之所想，急人物之所急，朗读对话时要读出不同人物的语调口吻，不能千人一腔，同一人物也要注意前后变化。例如《变色龙》一文，警官奥楚蔑洛夫善变的性格特点主要是通过几次对话表现出来的，朗读时必须注意运用不同语气音调来突出一个"变"字。再如：

刘胡兰屹立在刑场中间，像钢铁巨人。她转过头来，望了望在西边的妇女，这里边有她的母亲和妹妹，又望了望东面，有她的父亲。她望了望所有的人，好像在和家人告别，和云周西村的乡亲们告别，嘱咐大家不要悲伤，告诉大家：革命的烈火是扑不灭的，胜利就要到来了。然后，她两眼狠狠瞪着匪军，大喝一声："我咋个死法？"张全宝凶恶地说："一个样！"

刘胡兰昂首挺胸，从六位烈士遗体前走过，踏着他们的鲜血，走到铡刀跟前……

这段话表现了刘胡兰大无畏的革命精神和革命必胜的坚定信念。朗读时要怀着崇敬的心情，运用坚定的语气，加重音量，提高音调，以突出她的英雄气概。"我咋个死法？"一句要读出她大义凛然、视死如归的情态。

最后，恰当地表现作品的节奏韵律。艺术语体，尤其是韵文体，都十分重视语言的音乐性。这种音乐性主要是通过鲜明的节奏与和谐的韵律表现出来的。节奏主要由音步来体现，一个音步就是一个节拍。例如：

床前／明月／光，
疑是／地上／霜。

每句三个音步。

窗含／西岭／千秋／雪，
门泊／东吴／万里／船。

每句四个音步。韵律主要由平仄、声韵等语音手段来表现。平仄指声调的抑扬，平声长而空，仄声短而实，平仄互为交错，读起来抑扬起伏、铿锵悦耳。新诗没有平仄的严格要求，但也讲究语势的抑扬。押韵是同韵呼应，韵文体讲究押韵，或隔句相押，或句句相押，或一韵到底，或数韵并用，形式多样，散言体也偶有用韵。朗读时要注意音步、声调和韵脚字的和谐处理，把节奏起伏、声调抑扬和音韵回环的美感充分体现出来。

辩论：激发学生的好胜心

在课堂教学中，教师要引导学生围绕学习中的某个重点、难点或似是而非、含糊不清的问题，各抒己见，展开争论，从而使学生明辨是非，得出正确结论，形成教学小高潮。

开展热烈的课堂辩论，能激发学生积极地投入学习，调动全体学生动脑、动手、动口，自始至终参与教学全过程，积极主动地去学习。从信息论的角度来讲，在课堂教学中，学生、教师、教材三者之间的相互作用和信息交流才能优化课堂教学结构，提高课堂教学的效果。因此，在课堂上让学生多议多辩，有利于学生之间的相互作用和信息交流，从而使学生能从具体到一般，从表象到本质，找到规律性的东西，得到科学的结论，培养学生的概括能力和思维的创造性。

请看下面这个案例。

我在讲《翠鸟》一课时，在充分理解课文内容的基础上，留10分钟时间让学生来辩论："'我真想捉一只翠鸟'的想法对吗？为什么？"这个问题。由于平时我经常提类似的问题，鼓励学生怎样想，就怎样说，要敢于发表自己不同的见解，他们已经习惯了这种求异思维的训练。

经过一两分钟的讨论后，学生们都积极举手发言。有的学生说："我认为这种做法不对。我们应该爱护鸟类，不能捕捉它。"又有学生补充："如果我们不爱护翠鸟，随意捕捉它，过几年或几十年后就再也见不到翠鸟美丽的羽毛、灵巧的身影了。"听到这个学生的发言，又有个学生迫不及待地站起来说："我在东芝动物乐园中，就看到由于人类不善于保护动物，美洲虎已经灭绝了。"这时我发现刘子博把手举得高高的，还不停地使劲晃动，想引起我的注意，没等我叫他，他干脆站起来，跑到我眼皮底下，大声嚷："老师，我不同意他们的看法。"我平息了大家的"热情"，让刘子博发表自己的意见："我认为捕捉翠鸟是对的。捉住它把它养起来进行人工繁殖，想什么时候看它那美丽的羽毛、灵巧的身影就什么时候看。"胡雄志听了刘子博的话，也跳起来，抢着说："我也同意把翠鸟捉起来，要不然翠鸟越来越多，就把鱼都吃光了，我们人类就没有鱼吃了，而且让鱼类灭绝也不行呀！"刘倩马上站起来反驳说："我从一本书中看到，翠鸟虽然吃鱼，但对渔业危害不大。"

看到学生们热火朝天的讨论场面，听到他们头头是道地辩论，我高兴极了。这时我及时引导他们：这就涉及保持生态平衡的问题了，鱼和翠鸟、翠鸟和人、人和鱼类存在密切的关系。也就是说，人和大自然是密不可分的，也是相互影响的。说到这，我接着追问："我们怎样做才能随时听到翠鸟清脆的叫声，随处看到它美丽的身影，而又不危害渔业呢？"

学生们一听，兴趣更高涨了，积极出主意，想办法。有的说："保护翠鸟，亲近翠鸟，主动喂它鱼，也不吓唬它。"也有的同学说："要是能办一个翠鸟养殖厂，人工繁殖翠鸟，那不就能满足我们的心愿了吗？"刘子博又站起来说："我长大了研究出一种翠鸟爱吃的饲料，让它们既不吃鱼，也不挨饿。"中队长王琪满怀信心地说："我长大了要当一名生物学家，把中国变成鸟的天堂，把世界变成动物的乐园。"……

就这样，通过在课堂上有意识地进行发散思维的训练，学生们的思维异常活跃。这种做法不仅培养了学生的想象力和创造力，还培养了他们的语言表达能力，受到了保护环境、保护生态平衡的教育，扩大了知识面。

让学生辩论吧，它可以丰富学生的情感世界。爱与憎，真与假，美与丑，善与恶，新与旧……从语言中显露，从手势中表征，从体态中张扬。学生的情感丰富了，他们会在生活中动用这一次次的感情储蓄，动用后又会一次次的增进，这样的感情良性循环"储蓄—动用—增进—储蓄"可以使学生的情感世界更好地发展。

让学生辩论吧，它可以提高学生的作文水平。言为心声，辩论使"心声"变为口头语言，作文使"心声"变为书面语言，两者都是"心声"的积淀，而辩论中的口、脑、心、手形体的协调，更是高智力的活动。

让学生辩论吧，它可以培养学生的意志品质。辩论中有得心应手的陈述，也有始料未及的尴尬，更有"山重水复疑无路，柳暗花明又一村"的喜悦……辩论是一场只见声音而不见硝烟的战斗。辩论与其说是在挑战对手，倒不如说是在挑战自我，挖掘潜能，征服前进途中一个又一个的"障碍"。

这种多姿多彩的学习环境，这种多种思想共存的灌溉，将使学生在快乐中成长，在快乐中学会成熟，并学会分辨是非。

那么，教师该怎样开展课堂辩论呢？

教师既是课堂辩论的推动者，又是辩论的仲裁者。所以，要组织一堂卓有成效的课堂辩论，必须设法给学生创造一种平等和谐的辩论氛围，又要适时地对学生加以点拨、启发，还要防止课堂演变成毫无章法、漫无边际的争论，成为一节争吵课。

首先要精心设计论题。论题要符合教学大纲的要求，要切合学生的实际，紧扣文章的重点、难点，突出文章的特点。组织辩论，教师还要善于组织引导学生，使学生敢于发表自己的见解。为了保证课堂辩论的效果，教师可根据讨论的目的，班级学生人数的多少，学生能力的不同，采取多种形式。如果学生没有辩论的经验，可以采用"全班辩论"的形式。教师是辩论的组织者，由教师提出问题或议题，引导学生相互交流，保证课堂辩论向着预期的目标顺利进行，最后做辩论总结。课堂辩论的成败，取决于学生在课题方面的准备程度和教师处理课堂辩论的技巧。此外，对有过辩论经验的学生来讲，可采用"小组辩论"的形式，每小组有主持人，发言有时间限制，对每组的辩论结果及时肯定其成绩，如果发现辩论离题，应及时加以引导。最后，教师还要组织整理好辩论题的答案，对答案的处理是至关重要的，师生意见完全一致的，无需再浪费时间；对那些意见不太一致的问题，教师要认真思考，慎重取舍。教师谈自己的意见时，一定要有根有据，要讲明为什么。在答案中要尽量使用学生的语言，甚至有些是学生的原话。这样，学生学习的积极性、主动性会更高、更持久。

例如，在一节小学语文活动课上，一位教师针对刚刚学完的《两个铁球同时着地》一课开展辩论，个别学生认为："只要两个物体是同一种材料，那么不论大小，让它们在同样的高度往下落，结果也会同时落地"的错误结论，又带着学生做了一次实验。在课堂上，让学生充分发表自己的见解，在激烈的辩论中，学生的思维、表达能力得到了最大限度的发展。请看教学片断。

师：（拿出两张同样大的纸，将其中一张揉成一个纸团，然后用一只手握着一个纸团，另一只手拿着一张纸，双手举向空中）同学们，你们讨论一下，说说这两张纸会同时落地吗？

生1：纸和纸团同时落地，上次学了语文课，伽利略拿着两个大小不同的铁球，也是同时落地的。

生2：不！铁球是铁球，纸是纸，一个重些，一个轻些，怎么会一样呢？

生3：我们做的纸飞机，能在空中飞行一段时间，而一个纸团却不能飞，所以不会同时落地。

生4：我也经常看到楼上的人把一张纸扔下来，纸是慢慢飘下来的，而一个纸团是直接往下落。

（老师继续了刚才的实验，结果纸团先落地。）

生4：（抢着说）老师，我发现这张纸从高处往下落时，像老鹰的翅膀一样。

生：（纷纷地）我也是这样想的。

师：为什么纸团直接落，而一张纸却是像老鹰慢慢扇动翅膀一样往下落呢？

（学生讨论，四人一组，争得面红耳赤。）

生1：因为有空气，纸下落时，被空气挡住了。

生2：张开的纸像降落伞，被空气托住了，下落得慢。

生3：纸越大，就落得越慢。

师：（时机成熟，进行小结）这说明受空气阻碍的物体，表面越大，这个物体从空气中下落就越慢。

在这个教学片断中，学生们积极主动，思维活跃，争论热烈。学生们在辩论中思考，在思考中辩论，并发现了真理。

可见，课堂辩论达到了一定的程度，必然会掀起小高潮，而组织高潮，是以教师深入地钻研教材，真正地吃透教材为前提的，学生在这样的课堂辩论中，理解了课文内容，强化了语言文字的训练。

展开热烈的课堂辩论，不仅仅是教师与学生的双边活动，还应该让学生带动学生，让学生影响学生，让学生评价学生。也就是说，课堂教学要达到这样一种和谐的至高境界：教师得心应手，学生如沐春风。一位教师在教完《愚公移山》后，设置了正方论题"愚公应该移山"，反方论题"愚公应该搬家"，让四位男生和四位女生分别代表本组，组成正方和反方在讲台上进行辩论，教师当主持人。学生在辩论中，既有立论，又有驳论；既能自圆其说，又能针锋相对；既能依赖课文，又能触及课外；既能开拓思维，又能训练口才；既能讲现象，又能谈本质；既能明确主题，又能接受思想教育……

　　总之，课堂辩论能够发挥教师的主导作用与学生的主体作用，易于点燃学生思维的火花，培养学生的思维能力。当然也不能用得过多过滥，否则会使学生失去新鲜感。

游戏：点燃学习的火种

　　游戏是学生非常喜欢的一种趣味性活动，教师在教学中，如果能针对教材本身特点和学生的年龄特征，采用生动活泼、形式多样的游戏活动来组织教学，就会不断掀起课堂小高潮，使得课堂生动有趣，从而省时高效地完成学习任务。将这种活动引入课堂，不仅可以培养学生的形象思维能力，加深对教学内容的理解，而且更适合学生的心理特点。游戏的形式是多种多样的，有些游戏活动具有很强的竞争性，可以激励学生主动积极的思考；有些游戏具有很强的独立性，可以激励学生发现自己、表现自己和了解自己；有些游戏带有表演合作的性质，这就需要学生之间团结互助、齐心协力、密切配合，共同完成活动。

　　通过教学游戏，在乐中求知、在趣中增智、在美中陶情，参与游戏的学生无不全力以赴、用心投入。作为教师应抓住这一点，在教学中利用游戏的形式来调动学生的兴趣，不断采用学生喜闻乐见的形式来进行教学，如猜字谜、编故事、找朋友、编顺口溜……使课堂成为学生学习的乐园。学生在课堂上感受到了游戏的乐趣，那他们的学习积极性就会被充分调动起来，兴趣也会越来越浓厚。

　　那教师应该怎样把游戏引入课堂呢？我们下面根据不同学科分别介绍，以资借鉴。

　　1. 数学课中的教学游戏

　　数学课中可运用的游戏很多，主要可归纳为以下几类。

　　（1）导入性游戏

　　我们先看一个案例，这是著名教师詹明道"平均数"课前精彩导入的片段。

　　师：你们知道我叫什么名字吗？你们应该怎样称呼我呢？

　　生：老师，您姓詹，全名是詹明道，我们应该称呼您为詹老师。

　　师：你们是怎么知道我的名字的？

　　生：我是看到大屏幕上的介绍知道的。

　　师：很高兴认识你这个善于观察、勇于发言的小朋友，请你们再仔细观察老师名字的每个字，思考一下，老师的爸爸妈妈为什么给老师起这个名字，包含了他们对我的什么感情？

生：我认为"詹"是姓，没有明确的意思，"明"是明确、懂得的意思，"道"是道理的意思，我想您的爸爸妈妈给您起这个名字是希望您能好好学习，多明白一些道理，做一个有知识、有学问的人。

师：来握握手，太棒了，真高兴认识你这个善于分析、勤于思考的小朋友，你说得很有道理。

生：我觉得"明"还有光明的意思，"道"还有道路的意思，我猜想您的爸爸妈妈给您起这个名字的用意是祝福您、保佑您从小到大一直走在光明的大道上。

师（激动地说）：真了不起！你真是一个善于创新、明白道理的小朋友，其实老师的爸爸妈妈给老师起这个名字确实包含了这两个方面的含义，体现了他们对我的感情和对我的祝福。其实你们的爸爸妈妈和老师的爸爸妈妈一样，对你们也是这样的感情。

师：好，同学们，你们看这是什么？

生：套圈。

师：你们玩过套圈游戏吗？让我们做个套圈比赛的游戏轻松一下，好吗？

生（兴奋地说）：好。

师：下面我来说一说比赛的规则：1. 请男、女生各一名参加比赛，每人在等距离的情况下每人套8个圈；2. 请男、女生各一人用画正字的方法统计套中的成绩，男生统计女生的成绩，女生统计男生的成绩，我们要做一名公正的小裁判；3. 其余的同学做啦啦队员，我们每个人都要做一名文明的观众。

（学生进行第一轮比赛，男生套中5个，女生套中4个。）

师问："是男生赢，还是女生赢？你们是怎么裁决的？"

生：男生赢，因为男生套中的多。

师：让我们以掌声向男生代表队表示祝贺。

师：女同学们，你们服气吗？想不想再玩一次？

生：想。

（师请另两名学生进行第二轮比赛，男生套中4个，女生套中6个。）

师：第二轮是哪个代表队赢？

生：女生赢。

师：让我们以掌声向女生代表队表示祝贺。

师：经过两轮激烈的比赛，综合起来看，究竟是男生赢还是女生赢？你们是怎样裁决的？

生：男生一共套中了9个，女生一共套了10个，所以说是女生赢了。

师：这位同学用比总数的方法裁决出是女生赢，这种方法公平吗？

生：公平。

突然有一名男生说：不公平，我认为是平局。

师：你能不能说说你认为是平局的理由呢？

生：按照乒乓球比赛规则，只比哪个队胜的局数多，而不看哪个队赢的分数多。

师：你们认为他说得有道理吗？

生：有道理。

师：真是太精彩了，不同的比赛有不同的规则，同样的比赛，用不同的规则去衡量它，就会有不同的比赛结果，让我们为他的精彩发言鼓掌。

……

这个案例说明，在课的起始阶段就精心设计导入性教学游戏会给学生提供可以充分表达自我的机会，使他们产生急于探究、获取知识的心理，营造一种轻松愉快的课堂氛围。

（2）求解探索性游戏

一位教师在教"平行四边形面积"计算时，教师提问："谁能把平行四边形转化成已学过的图形来计算？"学生冥思苦想，还是一筹莫展。正在这"愤""悱"之时，教师马上让学生用"剪"和"拼"的方法进行学具操作，学生纷纷举起小手回答。

生：平行四边形可以转化为已学过的长方形来计算。

生：因为拼后的长方形的长等于原平行四边形的底，长方形的宽等于原平行四边形的高。

生：虽然平行四边形的形状变了，而它的面积大小没有变。

生：因此平行四边形计算公式为：底×高。

师：说得好，掌声鼓励！（一阵热烈的掌声）

通过操作游戏，极大地调动了学生学习的积极性，人人动手参与操作，在游戏中，学生的思维被激活，经过研究、探索，很快找到了长方形与平行四边形的内在联系，又得出了平行四边形的计算公式，收到了较好效果。

总之，在教学中设计求解探索性教学游戏，能使学生把知识的获得与生活实际相联系，与学生的动手、动脑、动口相联系，在游戏中引导学生积极思考、积极探索，从而掌握正确的概念。

（3）复习巩固性游戏

一位教师在教"速算"时，采用了"玩扑克与学数学"的教学游戏。

这位教师深有体会地说："我教数学速算时，总有一部分同学算得慢、时间长、误差多。"后来这位教师发现班上的马云每次速算都准确迅速，而且计算从来不出错。教师询问了她："你为什么能这样迅速地解答问题？"她说："我每天回家都做扑克游戏。我把扑克牌里的4组JQK都抽出去，用剩下的4组1～10进行加法口算，做连续加，中间不出错；而且要求快速记时，一开始我做一个完整的练习用2分钟，后来用1分钟……现在仅用40秒钟左右。"教师听后觉得不妨试一试，于是做了布置。第二天上数学课，讲到速算，教师让马云说出自己的做法，学生们情绪高涨，都想试一试。于是教师让学生们都拿出预先准备的总数40张的扑克牌，学生们跃跃欲试。教师说："先请马云表演一次吧。"大家呼啦一下围住了她，屏住呼吸，几十双眼睛盯住她的手。只见她沉稳地洗过牌，飞快地抽出，迅速地计算，每个得数都准确无误，当她得出最后一个数时，一看表：39秒！大家一下子欢呼起来！王明平时很稳重，大家让他先算，一点儿错误也没有，但是时间却长了3分钟。学生们纷纷练习了一番，速度大大提高。最后教师启发大家总结这样玩扑克的体会，有的说："这种玩法，可以锻炼我们思维的敏捷性、计算的准确性。"有的说："这种玩法很有趣，持之以恒地练习能磨炼意志。"

这种方法不仅在课堂上能使教学掀起高潮，集中学生的注意力，开发智力，课后在家里天天练，经过一段时间，学生的速算能力也会大大提高。

这样的游戏与教学内容融为一体，使学生置于轻松愉快的氛围之中，激起学生高涨的学习热情，使学生在游戏中掌握知识，发展智力，增长勇气，最大限度地发挥学生身心潜能，省时高效地完成学习任务。

2. 语文课中的教学游戏

从教育心理学角度看，兴趣是学生学习积极性中很现实、很活跃的因素，是完成学习任务的重要前提。特别是在语文教学中，由于语文课内容丰富，语言博大精深。学生学习语文时，兴趣的作用显得更大，其学习往往随兴趣而迁移。语文教师都有这样的体会，什么时候激发了学习兴趣，课就上得轻松，学生就学得生动活泼；反之，学生学习情绪就沉闷，事倍功半。

既然如此，激发学生学习语文的兴趣就成了语文教师的一项重要工作，尤其是小学低年级学生，他们从家庭、幼儿园来到学校，学习成了他们的主要活动。然而他们的年龄特点还是爱玩好动，以玩耍为兴趣。那么怎样把玩耍兴趣转变为学习兴趣呢？游戏教学就是最好的桥梁。

拼音教学是小学低年级学生遇到的第一难关。为了突破这一关，教师在教复韵母 ɑi、ei、ui 时，设计了"排队上车""呼叫名字""打电话"三个教学游戏。

教师请几个学生上来做"排队上车"的游戏，要求他们从高到矮排着队，一个个按顺序上车。学生们欢快地做着游戏，从中学会了 ɑi（挨）的韵母。

吃晚饭了，小伙伴们还在弄堂里玩耍着。"妈妈"扯开嗓子大声呼喊："××，快回家吃饭了。""ēi（哎），我来了。"一个个学生随着"母亲"的呼叫声答应着，ei 的复韵母就在快乐的游戏中学会了。

"打电话"的游戏更是使学生兴趣盎然。叮铃铃，电话铃声响了。"uí（喂），你是谁？""我是妈妈，今天厂里加班，我要晚点回家。"ui（喂）的声音不断地在教室里响起，同桌的两个学生互相打着电话。在愉快的游戏中，学生认识了复韵母 ui。

直呼音节时，教师设计了"邮递员送信""我叫 ××""呼一呼，找一找"的游戏，寓教学于游戏之中，使学生掌握了三个复韵母的呼读方法，达到了预想的教学目的。

在呼读音节的练习中，教师设计了"找朋友"的游戏。

教师在桌上放了一大堆东西，有杯子、白菜、乌龟模型、白粉笔……教师出示了音节"bēi"，一个小女孩抢着呼出这个音，又立刻走上前去把杯子高高举起说："我的杯子与你交朋友。"然后，学当小老师，又带领同学们呼读"bei"这个音节。老师又出示音节"bái cài"，这次一个小男孩马上抢着呼出"白菜"，并且快步上前把白菜高高举起说："我的白菜与你交朋友。"然后又带领同学们一起呼出"bái cài"的音节。

就这样，学生们都争着抢着到前边举实物，与音节交朋友，课堂气氛十分热烈。学生们兴致勃勃，在呼读音节找朋友的过程中，不仅学会了直呼音节，还认识了事物。

复习巩同阶段，教师设计了"摘果子"的游戏。一棵苹果树上结满了红红的大苹果，红红的苹果上面写着一个音节，哪一个学生能呼读出一个音节，他就能摘下一个苹果。

一张张卡片，一个个形象的实物，一次次演示的动作，构成了一节愉快的拼音教学课。在这样的课上，学生对知识充满兴趣，对认知具有迫切的需要，大脑形成了最佳兴奋中心，对知识的反映最清晰，思维活动最积极、最有效。

3. 思想品德课中的教学游戏

一位教师在教学"要诚实"一课时，为了使学生更好地掌握这一课的思想内容，初步形成诚实的道德观念，这位教师在教学过程中就引进了教学游戏，以玩、听、讲、辨四步展开教学。

第一步：把"画鼻子"的游戏引入教学，为学生创设表现一定道德行为的情境，使学生在游戏中充当道德角色。黑板上画有一个没鼻子的人头，教师把几个被蒙上眼睛的学生请上前来，给没有鼻子的人头像画鼻子。有的把鼻子画到了嘴上，有的则画到了耳朵上，……引得哄堂大笑。最后，教师叫到课代表，故意把他脸上的遮眼布弄得薄些，系得松点儿，使他一下就画正确了。大家热烈鼓掌，但课代表却不好意思起来。教师问："你画对了，为什么不好意思呢？"他坦率地讲出了实情："老师给我系的蒙眼布很薄，所以我能透过薄布找到准确的位置。"教师表扬他说："他这种行为就是诚实的表现。诚实是一个人应该具备的高尚品质，我们学习、做事都要讲诚实。"这时教师在黑板上写出本课课题——要诚实。

板书课题后就进行第二步：听"要诚实"录音故事。故事是说，很久很久以前，有位老公公，十分疼爱自己的两个孙子，一天，老人拿了些花籽对他们说："你们拿这些花籽去种吧，谁种的花最香最美，我就喜欢谁。"兄弟二人拿了花籽分头去种，鲜花盛开的时节到了，老大捧来芳香美丽的鲜花，而老二却空着手回来。他对爷爷哭诉说："我的花籽一颗也没发芽。"谁知老公公却爱抚地夸他是最可爱的孩子，种出了"最美丽的花"，原来老公公交给他俩的花籽都是炒熟的，根本不可能种活。小孙子诚实，开出了诚实之花，大孙子感到十分惭愧，决心向弟弟学习。学生们听后，初步明白了只有诚实才能获得人们的喜爱，纷纷表示要向弟弟学习，做个诚实的孩子。

教师趁热打铁出示第三步：夸夸咱班上的小诚实。他们思考片刻，便议论开了。有的说："同学拾到笔、橡皮就放到老师的桌子上，很诚实。"有的说："一次，同学拾到一个装有 5 元钱的纸包，他按照纸包上的班级、姓名找到了那个同学，当面把钱交给他。"……学生们越说越热烈，有的还主动谈了自己过去不够诚实的地方。教师告诉他："改正错误仍然是个诚实的学生。"

教师设计第四步是采用投影，看图辨析，通过不同行为的比较，提高学生对错误的识别能力。第一幅图是小牛看到同学踢球，把教室的玻璃打碎了，应该劝这位同学去老师那承认错误还是摆手说不知道呢？学生们选择了前一种。第二幅是小牛写字把墨汁弄到前桌女同学衣服上，是隐瞒不说还是向她道歉？学生们这次选择更加肯定，所谈认识更加深刻。

就这样一堂思品课在说笑看图的游戏中结束了，虽然课上得很轻松，但学生却受到了深刻教育。可想而知，游戏教学能激发学生学习的兴趣，寓思想教育于愉快的游戏之中。

4.自然课中的教学游戏

在自然课教学中，为了引起学生的遐想，启发学生的思维，可以创设游戏教学情境，激起学生的好奇心，诱导学生主动地寻求知识，提高教学效果。

一位教师讲《空气的性质》时，就设计了这样的教学游戏。

一上课，教师问："同学们，我们生活的空间有没有空气？"（学生四处张望）教师又说："空气在哪里，大家找一找？"（学生左顾右盼）"噢，没找到。"教师说完就让学生拿出事先准备好的塑料袋，用橡皮筋扎住口。"怎么样？"教师问。学生们响亮地回答："塑料袋都鼓起来了。"教师让大家用手拍一拍，学生们一齐拍了起来。只听"劈啪、劈啪"，鼓起来的塑料袋一个一个地破碎了，教室里一片笑声。教师问："塑料袋为什么会破碎？我们听到的响声又是怎样发出来的？"学生齐声回答："塑料袋里有气。"教师又问："这是什么气？""是空气。"学生说。"我们为什么看不见，也闻不到呢？"教师接着问。这时大家情绪十分高涨，注意力高度集中，一位男同学抢先回答说："因为空气没有颜色，也没有气味。"一阵热烈的掌声。

就这样，空气性质的难点，便在活泼的游戏中迎刃而解了。学生自始至终处在欢快愉悦的气氛中，在玩中悟理，在乐中求知，似乎有"山穷水尽疑无路，柳暗花明又一村"之感。

5. 美术课中的教学游戏

中、小学生普遍存在一种求新心理，他们注重学习中的一切新动态，希望通过自己的努力掌握新的东西，来点缀自己的生活。美术课中的教学游戏就是利用这一心理提高学生的学习效果。

一位教师为了让二年级的小学生进行巩固侧面行走人物的画法，让他们用手中的笔画出自己的生活，通过美术课体验到新奇和快乐，受到集体主义教育，在春游后的第二天安排了这堂美术课。课上，教师将学生带到操场，发给每个学生几支彩粉笔，然后以班长为排头，每人占一块方砖，排成单行。让每个学生在前面的方块上，根据教师教的画侧面行走人物的知识，按照自己的服装、发型特点，画出自己侧面行走的形象，全班所画人物要面向同一方向。学生们按要求专心画起来，待大家画完，教师宣布全体起立退后一步。啊！奇迹出现了，地面上的一个个画像变成了一行排列整齐的队伍。学生们见了，不禁脱口而出："这不是咱们二年级二班的同学们吗？"教师说："对，这就是我们二年级二班。班长，请你在画面上的你的手中加上一面队旗，咱班的队伍就更神气了。"接着教师又对全班同学说："昨天我们游颐和园，见到了那么美的风景，如果把这些美丽景色画在我们队伍的周围，一定很漂亮。"于是，学生们纷纷蹲下又画起来。不一会儿，画面中就出现了连绵的群山、昆明湖、十七孔桥、长廊、游艇、玉兰花、小鸟……教师再次让学生们退后一步看画，刚才的"队伍"又变成了一幅有人物有景物的画卷了。学生们高兴极了，不约而同地张大嘴巴发出"哇！"的一句惊奇的声音。

教师趁热打铁地说："给这幅画起个名字吧。"于是学生们交头接耳，你一言我一语，最后一致通过，取名为"春游图"，并把这三个字写在画面上，并添上了落款"二（2）班全体同学。"学生们笑着、跳着、拍着手围在这幅集体作品周围，每个人的脸上都洋溢着自豪、欢乐的笑容。下课的铃声响了，学生们仍然围坐在那里，久久不肯离去。

通过现场绘画教学游戏，学生在轻松愉快的氛围中获得了知识，加强了技能训练。学生在学习中体验到了成功的喜悦，在心理上得到了满足。当然，美术课教学游戏的形式很多，这需要我们在教学中不断探索和完善。

总之，教学游戏有着极其重要的价值。教师以游戏的方式进行教学，让学生积极主动地参与到活动中去，既能激发学生的学习兴趣，又能培养学生的人文素养，如竞争意识、团结协作精神等，在掀起课堂小高潮的同时，又能达到很好的教学效果，真是一举多得。

悬念：吊起学生的"胃口"

说书人"且听下回分解"到底有什么奥妙呢？其奥妙就在于讲到最扣人心弦的时候，有意避而不讲，使听众产生非听完不能满足心愿的心理。其实就是善于设置悬念，紧紧吸引听者的注意力。

这种技巧运用到课堂教学中，就是教师运用简洁的语言、生动传神的表情、惟妙惟肖的讲述，将学习的知识、掌握的技能，集中地演化成一个悬而未决的"谜团"，适时地"抛"给学生，以引起学生强烈的求知欲望。

在教学中，教师巧妙地设置悬念，就会引起学生的高度注意和广泛参与，促使学生积极思考，就能够形成课堂教学的小高潮。

俗语云："好奇之心，人皆有之。"利用悬念激人好奇，催人思索，往往能收到事半功倍的效果。制造悬念的目的主要有两点：一是激发兴趣；二是启动思维。悬念一般出乎人们意料，或展示矛盾，或让人迷惑不解，常能造成学生心理上的焦虑、渴望和兴奋，只想尽快知道究竟。

教师在设置悬念时应该从学生的"最近发展区"出发，恰当适度。不悬，难以引发学生的兴趣；太悬，学生百思不得其解，都会降低学生的积极性。只有不思不解、思而可解才能使学生兴趣高涨，才能使课堂教学自始至终扣人心弦，收到引人入胜的效果。

我们先来看一位王老师的两个教学片断。

片断一：

在学习"碳的几种单质"一节时，王老师对台下的学生说道："同学们，今天我带了一把玻璃刀，有哪位愿意借给我一支铅笔用用呢？"

前排的一个学生立即将一支铅笔递给王老师。

"大家都知道，玻璃刀非常锋利，只需轻轻一划，就能将一块玻璃一分为二。你们知道玻璃刀的刀口是用什么东西做的吗？"

台下的学生有的说是钢铁，有的说是一种特殊的材料。

王老师没说出答案，接着问："大家再看这支铅笔，你们知道铅笔芯是用什么东西做的吗？"

"石墨！"一个学生抢着回答。

"对，铅笔芯是用石墨做的，而玻璃刀的刀口则是用金刚石做的。"

"金刚石？"学生们好奇地重复道。

"对，是金刚石。同学们，你们知道吗，金刚石是自然界最硬的天然物质，而组成铅笔芯的石墨是最软的物质之一，它们都是由碳元素组成的单质。"

"都是由碳元素组成的？"

"不会吧，如果真的是同一种元素组成的话，性质也应该相差无几啊。可是为什么一个这么硬，而另一个那么软呢？"

台下的学生一个个露出疑惑不解的表情看着王老师，期待着她说出答案。

"好，同学们想知道答案的话，下面我们开始学习碳的几种单质……"

片断二：

在学习"盐类的性质"时，王老师事先在讲台上准备了一杯不知名的溶液，一个小铜片，一支细铁丝。

然后，她指着手中的铜片说："同学们，你们中有哪位能在上边画出一只小企鹅呢？"

台下的学生面面相觑，怎么可能？又不是一张白纸，除非用刀子在上边雕刻。

见学生不语，王老师面带微笑地说："大家看我的！"

说着，用一根细铁丝在杯子中的溶液里搅拌了一下，让铁丝上沾满溶液，然后在铜片上勾勾画画。几分钟后，一只憨态可掬的小企鹅就出现在学生面前了。

"哇，真像我QQ聊天时的那只企鹅！"

"老师，这是什么魔水？"

王老师看着台下七嘴八舌的学生，说道："大家安静了，想知道我用了什么魔水吗？现在我们开始去寻找魔水，下面我们开始学习盐类的性质，刚才用的魔水就是一种盐……"

看似毫无关联的两样东西却具有共同性？看起来办不到的事却在老师手里变成了现实？于是，王老师的课就在充满疑问的氛围中开始了。

如果王老师换一种方法呢？毕竟我们的教学大纲也没有要求教师在讲述碳的单质时一定要用实物来说明，也没有非得让教师练得一手在铜板上画画的"绝活"。

王老师完全可以一句带过："同学们，这节课我们学习碳的几种单质，碳的单质有金刚石、石墨……"这样一来，学生就会被动接受如下的概念："同一种元素组成的单质表现出完全相反的特性。"可这样一来，他们的印象就仅限于这几行文字，而在头脑中却缺乏现实的例证。同样，讲述盐类的性质时也是一样的道理。

一句话，没有了前边的悬念做铺垫，王老师的课充其量只是最一般的传道受业、答疑解惑。如果没有了前边的悬念，王老师还能起到这种让学生欲罢不能的效果吗？答案当然是否定的。

王老师的课妙就妙在，他特意设置的悬念，让学生从心底产生一种疑问，生出诸多好奇，无疑会使学生产生进一步探究原因的思维要求。

同时，课堂上的悬念也将学生的注意力集中起来，通过这样的引导，学生就会愉快地将自己的思维投入探索化学知识的情境之中去。

那么，我们应该怎样来设置悬念呢？

设置悬念，要在"巧"和"悬"上下功夫。"巧"，就是要求新、求异、求活，所设悬念要在学生的意料之外。"悬"，就是要让疑点突出、鲜明、耐人寻味，有一定的思维价值。教师要只设疑、不回答，把思维的空间留给学生，引导学生自己去深入思考，寻求答案，发展学生思维的灵活性、敏捷性和深刻性。

一、巧引课题

巧引课题，就是教师设置的悬念要巧妙引出教学的题目或相关的内容。设置引入课题的悬念，要能提携全篇，使学生沿一点而知全貌；还要用生动的语言、巧妙的形式，尽快使学生提起兴趣，进入情境，启动思维。

一位教师教《石钟山记》，引入课题时，他是这样设置悬念的："一座山，却以石钟命名，其中有什么奥秘？不仅我们，早在千年前的苏东坡也产生过疑问，看看他是怎样帮我们解开这个谜的。请读《石钟山记》。"学生听了，顿时感到惊奇，怎么？一座山，命名为石钟山。是山的形态像钟呢，还是另有原因？这里肯定有个谜。是人为的谜呢？还是自然之谜？古人苏东坡和它有什么关系？他能解开这个谜吗？学生带着种种疑问看着老师，看着周围的同学。他们几乎是在同一时间，采取了共同的做法——迫不及待地拿出课本，翻开书，如饥似渴地读起来。

这位教师仅仅用短短两句话，就巧妙地设置了一个引人入胜的悬念：石钟山的名字的来由，深藏着什么奥秘？千年古人与它又有什么联系？学生揭开这个"谜团"，也就揭开了千古之谜，领会了全文的内容。这个悬念，可谓以点带面、纲举目张。再者，教师以解"千年之谜"为悬念，一下子就能抓住学生的心理，使他们兴奋、活跃，以积极的思维去探寻石钟山命名的奥秘。

一位教师教《阿Q正传》时，一上课，就说："在20世纪的20年代初，中国文坛上出现了一篇震动整个社会的小说。这篇小说还在报刊连载的时候，就使那些'正人君子'、富贵豪绅惊恐万分，以为小说写的就是他们自己，纷纷要求追查作者。小说连载结束后，很快被译介到世界各国，成为世界文学史上的名著。直到现在，小说主人公的名字还被人们作为'精神胜利者'的代名词。那么，这是篇什么小说呢？"正当学生兴致勃勃的时候，教师转身在黑板上写了"阿Q正传"四个字。接着，他再进一层设问："小说写了哪些事？为什么会有如此巨大的力量呢？下面请大家翻开课本，看看小说的部分章节吧！"有关小说的轶事，经过老师绘声绘色地描绘，学生已被深深地吸引住了，他们产生了强烈的求知愿望，迫切希望知道《阿Q正传》的全部内容，所以迅速地打开书本，如痴如醉地读起来，教室中的读书声不绝于耳。是什么魔力使学生如此活跃和有兴致呢？是教师设置的"小说为什么会有如此巨大的社会力量"的悬念所致。

一位教师在教"磁铁游戏"时，先出示了一个盛满水的汽水瓶，瓶底有一颗小铁钉。

他微笑着面对学生："请同学们想想办法把瓶里的小铁钉取出来，行吗？"学生们兴趣盎然，望了一下汽水瓶，眨了眨眼，纷纷举手发言。

生1："把汽水瓶倾斜，先倒出汽水再弄出铁钉。"

生2："用铁丝做成夹子，将铁钉夹出来。"

生3："把瓶子打碎，把铁钉捡起来。"

……

这时，教师又提出了条件："如果身边没有另外盛汽水的容器，也没有铁丝，又不准将瓶打碎，还不准将汽水弄脏，怎么办？"

学生议论纷纷，苦思冥想。正在他们情绪高涨而又苦于无奈的时候，教师笑了，他只拿了一块磁铁，说："老师这里有一样小宝贝能把小铁钉取出来。"说着，他只把磁铁向瓶口一放，铁钉便倏地飞出了瓶口。

"啊"的一声，学生恍然大悟。教室里像开了锅一样热闹起来。"好办法，是磁铁！""对！用磁力就能干净利索地把铁钉吸出来。磁铁吸钉子不会打碎瓶，也不会弄脏汽水，这个办法真好！""磁铁真有用处！"磁真有力量！"学生们都被磁铁的妙用吸引了。他们的感受也在激动的话语中尽情地流露出来。很多学生下座去看磁铁，用手去摸磁铁，用小刀、文具盒去碰磁铁，其余的学生则打开书去寻找磁铁的知识。学生们的大脑中只有"磁铁"了。

这位教师利用了学生好奇的特点，设置了"将汽水瓶的铁钉取出来"的悬念，激发了学生浓厚的兴趣，悬念引来的兴奋，开启了学生思维的闸门，但思维定式约束了学生的思维发展，他们只考虑用一些常法解决"瓶底的铁钉"问题。教师提出了几种假设，限制了条件，学生的思维遇到了障碍，因为他们的认知结构中还没有能够在特殊的条件下解决问题的知识积累。在学生苦于无奈、渴求新知之时，教师亮出了磁铁，吸出了铁钉，这个举动把教学推向一个小高潮，学生兴奋了，情绪高涨了，思维被激活了。学生头脑中立刻会出现多种思考：它有什么功能？是什么材料做成的？它的原理是什么？……学生在这样的思维状态下学习，目的明确，内驱力和持久性强。

二、巧指核心

巧指核心，就是教师设置的悬念要直指教学的中心内容。它可以使学生的兴奋点集中在教学的关键处，要么是文章的中心，要么是数学的概念，要么是自然的原理，要么是政治的观点……教师巧设悬念，直指中心，把教学的重点、知识的难点、学生的思路，以及学生的兴趣、需要、情绪都通过巧妙的悬念，有机地聚焦到一个点上，使它们聚合、撞击，从而吸引学生的注意，激活学生的思维，提高教学的效率，掀起课堂教学的小高潮。

某教师教《孔乙己》这篇文章，就在直指核心处设计了两个悬念。他说："凡是读过鲁迅小说的人几乎没有不知道《孔乙己》的；凡是读过《孔乙己》这篇小说的人几乎没有不在心中留下孔乙己这个遭到社会鄙薄的'苦人儿'的形象的。据鲁迅先生的学生孙伏园回忆，鲁迅先生在他自己所写的小说中最喜欢的是《孔乙己》。鲁迅先生为什么那么喜欢《孔乙己》呢？孔乙己是怎样的一个艺术形象？鲁迅先生运用了怎样的鬼斧神工之笔来塑造这个形象？我们仔细学了这篇文章之后，就可以得到答案。"接着，教师又提出第二个悬念："过去有人说，古希腊的悲剧是命运的悲剧，莎士比亚的悲剧是主人公性格的悲剧，而易卜生的悲剧是社会问题的悲剧。人们看了悲剧往往流出同情的泪水或感到悲伤，而读了《孔乙己》这篇小说，我们的眼泪不是往外流，而是感到内心的刺痛。那么，孔乙己的悲剧又是什么样的悲剧呢？"

全班学生凝视着教师，回味着他的一句句沉重的话语，他们感到惊异，受到了很大的震动。每一个学生都慢慢地拿起书，轻轻地读起《孔乙己》这篇课文来。教室里读书的声音，时高时低，此起彼伏。大家都埋头读书，全神贯注。读书声渐渐小了，可学生们讨论孔乙己人物形象的声音越来越大。大家都在不停地争论，为什么读《孔乙己》却在心痛？而且是刺痛？孔乙己的艺术形象是怎样的，它有什么意义？大家都在急切地寻找答案。

这位教师创设了一个直指文章中心的悬念，即"苦人儿"究竟是怎样的一个艺术形象？孔乙己的悲剧为什么让人感到内心的刺痛？这两个悬念化做了一种强烈的需要，驱使全体学生急切地到书中去寻找答案，使学生掀起一个学习的小高潮。在这个高潮中，学生沿着教师指明的方向学习，就能从书中直接找到文章的主要内容，准确领会文章的主题思想，提高学习的效率。

一位中学生物教师给学生上一节实验课，他步入教室，拿着许多枝条，神秘地向学生们说："上课前，我把带叶的枝条插入红色的溶液里，放在温暖而有阳光的地方晒几小时，可是，现在拿起来一看，红色的液体不见了。哎，红色躲到哪里去了呢？"教师表现出着急的神态。学生愣了，随后又纷纷议论起来，谁也猜不透红色跑到哪里去了。这时，教师把手中的枝条一段一段剪下来，分到学生手中，让学生一边剥，一边观察，一边思考。学生们兴趣极浓，情绪高涨，一个"躲"字使他们急于寻找奥秘。学生们迅速抓起枝条，放到自己的眼前，上上下下，里里外外，从头到尾，全神贯注地看了个遍。他们议论着，相互比较着手中的枝条，非要从中找到答案不可。渐渐地，一个人、两个人、三个人发现了枝条的皮没有变红，中间的髓也没有变红，而木质部变红了，大家陆续都发现了这一现象。这是怎么回事？学生们不约而同地翻起了书本，查找原因。"找到了！"一个学生说道，后来所有的学生都发出了这一声音。"木质里有导管，能输送红色的溶液。"一个学生迅速说出了自己的发现。"导管能输送水和无机盐。"又有几个学生发现了其中的奥秘。

学生们欣喜若狂，他们自己找到了答案，获得了成功的喜悦。

这位教师组织教学非常成功。课上没有沉闷的气氛，没有思维的惰性表现，有的却是课堂的活跃、思维的活跃。这种活跃不是盲目的、随意的，而是紧紧围绕知识的难点、教学的重点展开的。教师的目的性强，教学的指向性明确，悬念直指教学的核心——认识导管有输送水和无机盐的功能。学生寻着这一线索，立刻找到了悬念的答案，也掌握了这一课的重点知识，这样的教学取得了事半功倍的效果。

三、巧妙结尾

巧妙结尾，就是教师用新奇的悬念对知识、技能进行归纳、总结或提炼升华，以此结束一课教学内容，使教学掀起一个小高潮的方法。

巧设悬念，破译悬念，作为教学的结尾，会使学生消除学习的疲劳，克服惰性心理，使思维再次进入积极的状态。

宋雨章老师在教《坐井观天》时，是这样设计结尾的："小鸟劝青蛙跳出井口，后来，青蛙有没有跳出井口看天呢？"问题一提出，学生异常兴奋，一番思索后，便争相举手，各抒己见。

生1：（抢先站起来）青蛙露出自信的神色，半睁着眼睛，摇了摇手，仍然坐在井底。因此。它看到的天还是井口那么大。

生2：（赶紧接上去）青蛙听了小鸟的话，狠狠地吸了一口气，撑起两只手，两脚猛地一蹬，跳出了井口。

生3：（没等前面同学的话音落下）青蛙跳出了井口，它把眼睛睁得大大的，一看，"哎呀"了一声，惊奇地说："小鸟姑娘，你说得对，天果然无边无际，大得很哪！我要是不跳出井底，怎么也不会相信你们的话。

……

就这样，学生一个接一个，争着抢着站起来发言。他们依据教材提供的内容，发挥了自己丰富的想象力，各自述说着独到的见解，发言热烈极了。

宋老师设置的这个悬念，符合教育科学，适合学生心理的发展规律，它非常巧妙地扩展了教材的空间，延续了青蛙的有趣故事。学生在对课文的学习中，已经具有了对井底之蛙的形象认识和较为深刻的理解，教师再沿着教材的内容线索，设置一个展开性的问题，就为学生创设了一个巧妙的最近发展区，使学生通过想象和思考，就能运用自己的语言捕述出青蛙的保守或变化，从而使学生轻松、愉快地步入"发展区"，有效地发展自己的想象能力、思维能力和语言表达能力，推动教学掀起一个小高潮。

又如，一位教师教"磁铁"一课，在讲了磁铁的性能后，就巧妙地设置了一个悬念。

"一天，小英帮妈妈拿米做饭，不小心把一盒大头针翻在米缸里。她很着急，这米怎么能做饭呢？没办法，请大家帮她想个好主意吧！"

听了教师的话，学生们一下子议论开了，课堂气氛立刻活跃起来。学生们纷纷举手发言，有的说："慢慢拣，不着急。"有的说："不要忙，好好帮助她。"但是，有的同学经过细心思考，非常自信地说："用磁铁把大头针吸出来。""对！""这样吸得又快又干净。""好办法！"学生们眉开眼笑地呼应着，每一个人都汇入了这教学的高潮中。

这时，教师笑了，拿出实物，演示了一遍吸大头针的过程。教师把米缸里的大头针吸出来了。大家高兴得拍手叫好。

　　教学中，教师非常巧妙地设置了一个悬念：一盒大头针翻在了米缸里。这个生活中的现象，使学生为之一震，有力地强化了学生的有意注意，激发了学生浓厚的兴趣，消除了学生的学习疲劳，激活了学生的思维，使学生处于高度的兴奋状态。它导向性强，引导学生联系生活实际，深入地思考和探索，运用已经学到的知识去解决现实生活的问题，有效地巩固了学习知识，发展了学生认识问题和解决问题的能力，也把教学推向了一个小高潮。

　　总之，悬念的设置是课堂教学中的一种技巧，悬念设置得好，不仅能吸引学生的注意力，把无意注意转为有意注意，提高学生学习的兴趣，增强学生分析问题的积极性，久而久之，每节课的"悬念"的积累，还能提高学生分析问题、解决问题的能力，这对提高教师自身的基本功也大有益处。

　　但是，凡事都是两面的。悬念只是为了创造一种情境，吸引学生的注意力而设，其最终目的是要把学生引到将要讲授的课本知识上来。倘若学生对悬念本身的兴趣超过了课本知识，那么这样的悬念就成了真正的"悬念"了。

　　想让你的课堂成为学生眼中的神秘之地吗？那么巧设几个悬念吧，让学生在你的"悬"而不答中跟着你的思路走！